U0484430

中国脱贫攻坚

黑龙江省五村案例

全国扶贫宣传教育中心　组织编写

中国文联出版社

图书在版编目（CIP）数据

中国脱贫攻坚·黑龙江省五村案例 / 全国扶贫宣传教育中心组编 . -- 北京 : 中国文联出版社 , 2021.12
ISBN 978-7-5190-4780-1

Ⅰ.①中… Ⅱ.①全… Ⅲ.①扶贫 – 工作经验 – 案例 – 黑龙江省 Ⅳ.① F126

中国版本图书馆 CIP 数据核字（2021）第 277473 号

编　　者	全国扶贫宣传教育中心组	
责任编辑	于晓颖	
特约审读	李荣华	
责任校对	张　苗	
装帧设计	乐　阅	
出版发行	中国文联出版社有限公司	
社　　址	北京市朝阳区农展馆南里 10 号　邮编 100125	
电　　话	010-85923025（发行部）010-85923091（总编室）	
经　　销	全国新华书店等	
印　　刷	廊坊佰利得印刷有限公司	
开　　本	710 毫米 × 1000 毫米　1/16	
印　　张	8.5	
字　　数	92 千字	
版　　次	2021 年 12 月第 1 版第 1 次印刷	
定　　价	58.00 元	

版权所有 · 侵权必究
如有印装质量问题，请与本社发行部联系调换

前　言

2000年公布的《中国农村扶贫开发纲要(2001—2010年)》明确提出"扶贫要到村到户"，这标志着中国扶贫瞄准单元下沉至村级，扶贫资源精准到村到户，瞄准精度进一步提高。本书所述黑龙江省五个案例村的脱贫攻坚过程是中国扶贫"到村到户"的缩影，较好地呈现了村级扶贫治理的生动过程。本书内容是"中部区域县、村脱贫攻坚经验总结"项目（项目编号：TC190F4WF）的阶段性成果。

2019年8月，黑龙江课题组成员（即本书撰写人员）一行10余人在望奎县开展县域调研，并于同年9月至10月分别赴黑龙江五个案例村进行调研，随后与黑龙江省各级扶贫工作人员多次线上沟通，补充相关材料。在撰写和讨论的过程中，课题组于12月初对靠山村和永丰村进行了补充调研，并最终在12月中旬完成初稿工作，完成了《望奎县脱贫攻坚经验总结研究报告》《望奎脱贫攻坚图说故事》以及本书《中国脱贫攻坚：黑龙江省五村案例》。下面将以时间线勾勒出五个村庄的调研过程。

2019年9月初，中国农业大学刘燕丽副教授带领课题组成员前往绥棱县靠山村开展调研，课题组一行首先与县委、县政府、县农业农村办与扶贫办相关负责人进行座谈，绥棱县县长刘润伟就"以精准党建推进精准扶贫"的地方脱贫攻坚经验进行详细讲解，其中选人用人、找准干部特长和精准考核是地方扶贫工作精准落实的重要保障。此后几天，课题组在全面了解靠山村脱贫进程与发展现状的基础上，与靠山村驻村第一书记陈华、村党总支书记王志强、村妇女主席姜彩虹、驻村干部张百林等人展开访谈，深入了解靠山村的脱贫举措与现行成效。村干部、贫困户与致富带头人等20人朴实真切的减贫故事，生动展现了这一最普通不过的村庄一点一滴、一步一步的发展之路。2019年12月5日至7日，刘燕丽副教授带领课题组成员在绥棱县靠山村进行了补充调研，更全面、细致地补充了相关调研资料。

靠山村调研开展的同一时间段，吉林农业大学丁宝寅副教授带领另一组成员到铁力市永丰村调研。在铁力市扶贫办书记赵磊的引领下，课题组成员首先听取了铁力市副市长胡国锋与住建局、水务局、扶贫办等部门主抓脱贫攻坚业务相关负责人关于本市脱贫攻坚经验总结的座谈会，座谈会围绕扶贫工作考核、"两不愁三保障"落实情况、产业帮扶举措及成效、"一分田"特色扶贫措施以及扶贫干部作风等主题展开。之后，课题组成员正式开始了对铁力市永丰村的调研，分别访谈了村书记崔达东、村长王保、驻村第一书记吴洪满、扶贫产业经营者、建档立卡户、村庄街道清理员等，完成有效问卷40份，从不同层次、不同角度了解了永丰村从一个全市有名的"软弱涣散村"成长为全市有名的模范治理村的艰难蜕变过程。驻村工作队队员们和村两委班子通力合作，朝着一个共同目标努力奋斗，为解决永丰村的贫困问题出谋划策，让整个村庄从村容村貌到村民的精神风貌都发生了翻天覆地的变化，焕发出蓬勃的生机活力。相信在党员干部们"主动干、舍得干、带头干"的精神激励下，全体村民一定能奔向更加美好的未来。

2019年10月上旬，在吉林大学孟祥丹老师的带领下，课题组成员赴桦川县苏苏村调研。本次调研的成功得益于县委、县政府和苏苏村扶贫工作人员的悉心配合，尤其是县扶贫办高主任在忙碌的工作中全程跟随调研并进行多方协调。课题组成员先在苏苏村所在的悦来镇与前党委书记李季明、苏苏村村书记齐更春等领导开展座谈会，围绕苏苏村扶贫的党建统领、贫困户基本情况、产业扶贫中"公司+法人+合作社+农户"模式、壮大村集体经济等方面进行交流，随后在县扶贫办主任高忠良的带领下前往桦川县脱贫攻坚纪念馆、东旺果蔬产业园、蓝羽肉鹅养殖基地进行实地走访。之后几天，课题组成员在苏苏村与苏苏村9位扶贫工作人员、2位致富带头人、5个贫困户和3个非贫困户进行了访谈，同时收集了苏苏村脱贫攻坚的相关一手资料，并完成40份调研问卷。最后，课题组在经过多天调研后拟出报告提纲，并与参与脱贫攻坚的一线人员商讨提纲的修订工作。苏苏村脱贫攻坚的坚定信念让人为之动容。经过多年奋斗，苏苏成功解决了村累积矛盾多、村级债务多、发展困难多、耕地纠纷多、村民诉求多和贫困人口多的问题。课题组相信苏苏村在完成脱贫攻坚历史性任务的基础上，一定能够在脱贫中适时向乡村振兴平稳转换，苏苏村脱贫攻坚的智慧和经验作为乡村振兴的巨大精神财富，能够筑牢乡村振兴基石，全面推进乡村振兴。

同时间段，中国农业大学刘燕丽副教授带领其他课题组成员前往饶河县小南河村调研。在饶河县扶贫办工作人员的协助下，课题组顺利与西林子乡政府对接并开展座谈活动，在座谈会上了解到小南河村的变化与成就。随后课题组与小南河村第一书记冷菊贞及小南河村村两委成功开展座谈会，在座谈会上一个个生动感人的扶贫故事被第一书记和村干部细致地娓娓道来，从无到有，从有到好，小南河村的变化与成就是第一书记和村干部带着群众脚踏实地干出来的。在小南河村，课题组分别访谈了时任小南河村驻村第一书记冷菊贞、村支书董连营、村长孙桂岭、妇女主席马莉、村会计朱玉秋、村民李忠海、董新华、王文宝等共计23人，完成有效问卷40份。从村民的口述中深描了小南河村是如何从出名的"大酒罐子村"蜕变成了生活富裕的文明村。近年来，在驻村第一书记冷菊贞的带领下，小南河村的乡村旅游办得风生水起，并建立了村集体经济，小南河村的明天一定越来越好！

2019年10月中旬，在中国农业大学吴惠芳教授带领下，课题组赴泰来县同乐村调研。此时，北方的天气就如同过山车一样，直逼冰点，是罕遇的冷。尽管夏天的影子在人的脑海里还是那么清晰，但广袤嫩江平原上却已初遇雪花，虽天寒地冻，但东北人民的热情温暖人心。在泰来县刘强林县长和县扶贫办何振伟主任的协助下，课题组开展了县、镇、村三级脱贫攻坚经验总结座谈会，会议围绕精准识别、精准管理、产业扶贫、内生动力、三支队伍和档案地图展开。座谈会中，课题组了解到在同乐村的扶贫路上，泰来县扶贫办以及泰来镇所给予的巨大支持，使得同乐村从"软弱涣散村"蜕变为"泰来县农村党建示范教育基地"。在县扶贫办的建议下，课题组一行决定入驻村委会，通过深度访谈法来倾听这个村落的脱贫故事。在同乐村，课题组分别访谈了同乐村第一书记欧阳德宪、村支部书记王富学、老村长、驻村工作队员、村妇女主任、养老互助会组长、贫困户等20余人，完成有效问卷40份。在与第一书记和村支部书记的口述中，课题组深刻感受到他们在扶贫工作中不断磨合并最终完成脱贫攻坚摘帽任务的艰辛。在走访的过程中，课题组观察到贫困大消除、产业大发展和基础大改善的画卷，充分展示了广大干部群众的风采。同乐村的党员和村民一改当年涣散状态，当下的同乐村智慧、热情、勤劳，相信未来同乐村能够画好"同心圆"，共同谱写乡村振兴的新篇章。

本书以村落基本概况开篇，以五个村庄脱贫攻坚的真实故事演进，以深入细致的案例点评结尾。生动的故事情节和严谨的政策意涵巧妙地结合在一起，展现了黑龙江省永丰村、靠山村、苏苏村、小南河村、同乐村的脱贫攻坚历程，也能够以通俗易懂的方式让读者进入关于政治决策的系统性理解。这些村庄是黑龙江省脱贫攻坚的缩影，其脱贫攻坚过程虽然各具特色，但在党建引领下，刻画出了五个村的共同点：一支能打胜仗的工作队、一批真抓实干的帮扶干部、一种敢于创新的工作思维、一群热情善良的人民群众。在多种力量的交汇下，辽阔的黑土地上自然会绽放出美丽的花朵，一个个生动案例的翔实记录呈现出难以忘怀的岁月。我们相信，多年后再次品读这些故事，读者能够感受到中国的历史巨变，决策者的雄心壮志，参与者的真干实干以及百姓生活的幸福安康。

感谢国务院扶贫办对本项目工作进展的支持！感谢黑龙江省各级领导和被访谈者对本项目的支持！你们的心声都凝结在本书的文字里面。最后，课题组向脱贫攻坚工作的每一位贡献者致以最真挚的敬意！

"中部区域县、村脱贫攻坚经验总结"项目黑龙江省课题组

目 录

第一章　靠山村：黑土地上的脱贫之路　/ 1
　　一、乡村旧貌　/ 2
　　二、基层合力　/ 4
　　三、产业探索　/ 10
　　四、幸福大院　/ 13
　　五、靠山经验　/ 19

第二章　永丰村：以党建促脱贫　/ 23
　　一、靠城也靠山的贫困小山村　/ 24
　　二、软弱涣散的治理迷雾　/ 27
　　三、以党引领的治理新局　/ 30
　　四、扶贫的治理成效和经验　/ 44

第三章　苏苏村：从"黑三星"到"示范村"　/ 47
　　一、脱贫背景："黑三星"　/ 48
　　二、笃定前行：以党建引领整队伍　/ 50
　　三、万象更新：用行动贴近民心　/ 60
　　四、蓄势待发：提质增效谋求发展　/ 68

第四章　小南河村：脱贫攻坚路上的追梦人　/ 73
　　一、藏在深山里的寂静小山村　/ 74
　　二、脱贫的乡村旅游　/ 76

三、致富的辣椒酱厂　/ 80

　　四、平凡的人，不平凡的小南河　/ 85

　　五、简单幸福的明天　/ 92

第五章　同乐村：同心共筑扶贫路　/ 97

　　一、回望同乐村史：风雨交加　/ 98

　　二、贫困的日子初现起色　/ 100

　　三、迎难而上扶贫路　/ 102

　　四、同心铺出同乐路　/ 111

　　五、"同乐"路上展望"泰来"　/ 119

后　记　/ 122

第一章

靠山村：
黑土地上的脱贫之路

靠山村坐落于黑龙江省绥化市绥棱县靠山乡，是一个革命老区村，也是一个贫困村。全村有8个村民组、5个自然屯，共876户3089人，是靠山乡中人口最多的一个村。外出流动人口总计1739人，常住人口1350人。现有耕地面积17646亩，其中水田8000亩，旱田9646亩。2015年，全村建档立卡贫困户113户1275人，已于2019年末全部实现脱贫出列。

一、乡村旧貌

靠山村地处诺敏河西岸，沙包地多，地势低洼、丘陵漫岗。靠山村是一个典型的农业村，东部河套地区种植水稻，因远离灌溉区，容易受自然灾害影响，旱涝都保不住好收成；西部以旱作农业为主，主要是玉米、大豆。村中青壮年大多外出打工，留在村里的多是老弱病残。村内家家户户以农业为生、靠天吃饭，虽然作为黑土地上的村落，温饱基本没有问题，但是想要获得更好的生活条件却是一件难事。精准扶贫工作开展之前，村庄内危房、险房、无房户高达149户，重大病患者以及贫困户数量之多严重限制了当地的生产发展。

在驻村扶贫工作队未进入靠山村前，村民把自己的村子形容成一个"大破家"——老弱病残懒的人群、落后的基础设施、基本没有的公共服务、破败的村容村貌和涣散的村两委。村委会没有像样的办公场所，村里没有公共休闲活动场所，没有路灯，雨天道路泥泞出行不便，晴天车辆路过尘土飞扬。在秋收季节，破烂的道路阻碍了车辆进村，粮食销售不出去。路边沟里经常有腐臭的垃圾。村庄虽然有健全的村两委班子、多名党员群众，但班子弱、人心散，村干部思想不统一，号召能力弱，村集体组织的经济功能和服务功能逐渐丧失。村民在农闲时间多喜欢打麻将、喝小酒，时有村民喝醉酒躺在路边的情况，更有甚者寻衅滋事、

图 1-1 靠山村旧貌

打架斗殴、子女不赡养老人、结婚大要彩礼等社会陋习也十分普遍。贫困户的"等靠要"思想严重，自我发展动力不足。村内除几家生产大户外，多是分散经营，且生产水电问题长期得不到解决，影响农作物的生长。农作物种植是贫困户收入的主要来源，但村内农产品主要由粮贩子直接收购，村民无法实现与市场的直接对接，收益较低。如何让靠山村这样一个"大破家"实现脱贫致富，对村两委和村民来说，都是一道难题。

二、基层合力

驻村扶贫干部的到来为靠山村注入了一股新活力，不仅将村庄能人、致富能手吸纳到党员队伍中，更促进新一届团结、和谐、有战斗力班子的组建。驻村干部们不计酬劳、甘于奉献的品质，提升了党员干部的服务意识，增强了村两委班子的凝聚力，转变了村民思想观念，进而激发了整村发展的内生动力。在此影响下，靠山村的驻村工作队和村两委班子，以群众的利益为重，带着群众闯、领着群众干，给予了脱贫攻坚工作强有力的组织保障。

（一）自上而下的人力下沉

2015年9月，省机关事务管理局派驻村第一书记陈华进入靠山村，成为靠山村转变的重要转折点。群众和村干部对第一书记及驻村工作队这些"上面派来的人"认可度很低，因此，如何得到认可、获得信任，进而与村两委形成合力，是陈华面临的首要难题，也是最复杂的问题。

陈华深知，如果想让当地人发自内心地认可他和工作队，不是靠自上而下的权威，而是来自实实在在为老百姓服务的工作与奉献精神。靠山村有一条通往乡里的主干道，冬季积雪厚时，百姓出行不便，来往车辆极容易发生事故。村干部和百姓认为这条路的积雪清扫任务该由乡政府负责，任由道路积雪结冰。陈华认为，这条路不仅关系到靠山村百姓的出行便利问题，更关系到人的生命安全，应当是大家共同的责任。在动员村干部无果的情况下，陈华只身前往主干道扫雪坚持不懈，从需要车灯照明的清晨一直扫到天空透亮，家家炊烟升起。起初群众不理解他的做法，在陈华以身作则扫雪又屡次三番地做思想工作后，大家开始认识到雪天路面清洁对每一个人的重要性，越来越多的人主动参与到日常扫雪工作中，最后变成群众工作。自此，靠山村形成了"以雪为令"的标准，只要下雪，不需要任何动员，村干部、党员、普通百姓都会主动及时清扫主干道和广场等公共场所的道路。2016年以来，主干道再也没有发生过交通事故，冬季百姓的出行也方便了许多。通过扫雪事件，村干部和百姓对陈华的认可度提高，村干部有了服务意识，百姓有了集体意识。更可贵的是，陈华与村干部、百姓建立了深厚的感情。

"我们共产党人好比种子，人民好比土地，我们到了一个地方，就要同那里的人民结合起来，在人民中间生根开花。"在陈华眼里，能否住在村里、能否帮助老乡解决一些实际问题、能否在村里的小卖店与群众聊聊、能否在村头街尾和群众谈谈心、能否经常接到群众的电话、能否有老乡主动同他打招呼、能否与群众打成一片是自己驻村扶贫行动是否合格的几项指标，这不仅考验他的工作能力，更体现了党与群众的密切联系。在靠山村百姓的心里，驻村第一书记就是平常百姓，没有"官民之隔"。百姓经常称呼陈华为"老陈头",这不仅是靠山村百姓对省派驻村第一书记的认可,更体现了驻村干部在村庄的融入。陈华喜欢与百姓"唠嗑",告诉党员"一定要发挥党员的优秀品质",告诉贫困户"要努力把自己的日子过好"。作为一名"外来人"的驻村书记,陈华以自身的实际行动感动了靠山村的干部和百姓,也感动了乡党委和上级工作人员,吸引了优秀党员干部的加入,壮大了工作队伍,还提升了基层干部的服务意识与党性观念。他很快成为靠山村百姓心中的"领头雁",为基层党员树立了一面先进的旗帜,为贫困户打造了脱贫和致富的空间。

(二)自下而上的基层合力

致富能力强、群众基础好的村干部可以实现与省驻村工作队的有效配合,推动扶贫工作有效开展。靠山村将为民奉献精神以及不谋私利作为选拔村两委班子的核心标准,在2017年驻村干部下沉以及村两委班子换届之际,以德才兼备、以德为先的标准组织了一个工作队伍,致富能力强、群众基础好的村委会会计王志强被选为村支部书记,致富能人被吸收到党员队伍中,为靠山村基层组织建设及扶贫工作的开展奠定了良好的发展基础。

第一书记驻村之前,靠山村的村民不知道谁是党员、什么是党员的品质、党员的作用是什么,无论是村级公共事务还是个人生活,党员与非党员并无差异。在陈华等驻村党员干部的示范和带动下,基层党员和群众逐渐认识到什么是党员应该有的品质和行动,党员开始有了模范先锋意识和服务意识,普通群众有了争当党员的先进意识。普通党员从"不能无偿为老百姓服务"转变为"做一些力所能及的事",从"不关我的事"到"应该奉献自己"，从"一心为小家"转变为"舍小家为大家"，从"是一名党员"转变为"要做一名优秀的党员"。种粮大户曲彬表示："我一直都是一名党员，我也不认为我不合格。但是受陈华书记的感染，我认识到了自己的不足，现在要争当一名优秀的党员，力所能及地帮助贫困户。如果把自己的事情看得很重，你就当不了领头羊。组织信任我，党信任我，大伙推选我做致富带头人，我就必须要做出一番事业。我们必须要做一名优秀的党员。"2016年以来，靠山村发展了6名新党员。村民重新燃起了对党组织的信任，从原来"入不了党""没人入党"转变为"积极入党""党员先行"，争相发挥自身价值，形成了在党的领导下"日子越来越有奔头"的统一思想。2015年，陈华号召38名党员组建了"党员模范义务先锋队"，他们在村庄义务修桥铺路、栽花种树、清扫垃圾等方面均发挥了模范先锋的作用，增强了党员荣誉感、使命感以及神圣感。2018年，乡党委在春节时为党员户挂上了红灯笼，更加彰显了党员的红色品质，不断激励党员前行。对于党员来说，帮扶不仅是一种责任，更成为一种荣誉。

自省扶贫工作队入村以来，村支部书记王志强深受陈华优秀品质的感染，"陈华书记来了以后，辛辛苦苦地跑这跑那，都是为了老百姓做事。何况咱们本乡本土的人呢？人家到时候走了，一块土、一块砖都带不走，留下的只能是党性，带走的只是留念。人家一个外来干部为了我们靠山村百姓去这么做，我们要是不做点啥，怎么对得起父老乡亲"。为了帮助陈华及驻村队员顺利开展工作，王志强多次与其他干部和百姓沟通，积极配合。在光伏项目时间紧、任务重的情况下，王志强一晚上做好了9户村民的思想工作，使光伏发电项目在村内顺利实施。在土地资源整合、联耕联种、幸福大院的宅基地置换以及吸引返乡创业人才的道路上，王志强带领下的村两委干部始终坚持以"人民利益为先"的原则，与驻村扶贫干部一起，用党员思想感化群众，用行动赢得百姓的信任，用公正心赢得群众的支持和拥护。

（三）和谐文明的乡风民风

乡风文明是乡村振兴之"魂"，是精准扶贫以来乡村精神面貌转变的重要体现。靠山村基层组织的高度凝聚力以及治愚扶智的先行举措克服了村庄内矛盾频发、寻衅滋事、打架斗殴、高价彩礼、嗜酒好赌的陋习。靠山村开展"自强、感恩、文明"为主题的扶志教育，"三八"妇女节召开妇女表彰大会，对孝敬父母、孝敬公婆、互助有为、干净整洁等方面的妇女进行颁奖，动员广大农村妇女参与乡风文明建设；为全村率先脱贫致富的10户贫困户颁发"文明小康户"标牌，以借助示范引带帮助贫困户转变"等靠要"思想；送戏下乡二人转演出、电影放映、篮球比赛、秧歌广场舞汇演等各类文艺活动以及党员志愿者服务等活动，更是潜移默化地引导群众，激发贫困户脱贫致富的内生动力。村上组织开展文明户评选活动，每年评选5个文明户，每户给予200元奖励。通过选树典型，传承中华民族传统美德，弘扬社会主义正能量，提升村民的村庄事务参与积极性，树立村集体的主人翁意识，让群众在精神上真正站起来，形成健康向上、和谐一致的精神面貌。

"乡风文明活动"的开展，不仅激发贫困群众自我脱贫动力，而且促使邻里关系改善，构建和谐稳定的乡风民风，为稳固村庄基层"战斗堡垒"、落实"两不愁三保障"、发展村集体产业打下坚实基础。妇女主任非常感慨地说道:"以前贫困户都穿得破破烂烂的,现在穿得齐齐整整,而且精神面貌更足了。过去,妇女都不敢跟人谈话,什么也不懂,什么也不信。现在改变了,我们不仅越来越有责任心,而且对政府、党员干部和我们这个村子越来越有信心了。就连跟我一起干活的老大姐都说'我跟你们有共同一个名字——共产党员'。"村庄的精准扶贫不仅帮助贫困户摆脱生活困境,还让每户有来自扶贫产业发展的分红收入以及政府兜底保障,以避免返贫。与此同时,精准扶贫政策还为村庄打下了未来的发展基础,水、路、电、农机、生活和农业基础设施的完善,让非贫困户在这个过程中同样受益,避免了村庄矛盾。

图 1-2 靠山村文艺汇演

自此,以陈华为主导的外来驻村干部真正扎根于靠山村这片土地,和以王志强书记为核心的村级两委班子协同工作,贯彻服务意识——根据"领导表率、党员先行、带动群众"的思路,从生活点滴切入，感染和教育党员群众，密切党群关系，优化村两委班子结构，唤醒党员意识，极大地增强了基层组织的党员底色和为民服务意识。以王志强书记为代表的村两委班子为驻村干部与村民之间搭建了信任平台，大大缩减驻村干部的工作成本，更激发了村民的向心力，"劲往一处使"，推进和谐乡风文明建设，共同为靠山村的未来而奋斗。

三、产业探索

在驻村干部与村两委班子、党员干部和群众的合力下，驻村干部、乡村能人、巾帼之花以及致富带头人在这样一个小小的贫困村中充分发挥能动性，做出了许多人想做而不敢做的实事，走出了靠山村的脱贫致富之路。其中，联耕联种与花卉产业是两个突出典型产业。

（一）联耕联种

土地是靠山村走出贫困的核心生产要素。2016年，在绥棱县全县推动"土地代管"项目之时，靠山村村两委及驻村干部慎重考虑了本村贫困户致贫原因、村庄自然资源禀赋，参观考察了其他乡镇、村级农机合作社，确定了以村集体入股的形式成立农机合作社、实行土地规模化经营的农业发展模式。

村委会将国家扶贫资金购置的5台套大马力拖拉机、12台套农机具及1台联合收割机作为农机合作社的稳固资产。农机合作社通过"村两委+农机合作社+农户"模式提供"代耕代管"服务，全村132户农户的13000亩旱田入股，其中有84户是贫困户。

2019年土地集中经营面积达到5242亩，余下的8000亩统一代耕，一坰地可以获得1300元补贴，其中50%归村集体所有，余下全部返还到农户手中。水利是农业发展的命脉，为提高水田种植效益，靠山村协调电力部门和水利部门，为村庄争取水、电支持，不仅在村内修建壕沟，而且将村庄纳入灌区，在生产季内通过"错峰给水"的方式保证农业用水。农田水利问题的解决不仅保证了水田产量稳定，农户收入稳定提升，还提高了村级干部的威信，提升了村级凝聚力。

土地托管与联耕联种的对接促进了村庄农业生产模式的变革。土地集中经营不仅克服了家庭小规模经营下的劳动力短缺、生产效率低下、技术设备落后、收益不足的问题，还通过统一进种、进肥等降低投入成本，真正实现了村集体的低投入、高产出，仅2019年就节省成本120万元。村集体通过农机耕种获得代耕费，农民的生产成本因土地的集中得以降低，而且35户贫困户还获得了村农机合作社发放的500元分红。不仅如此，丧失劳动能力的贫困户通过将土地流转出来，不仅可以获得高于市场价格的土地流转收入，还可以获得国家给予的粮食补贴以及村级集体经济的额外分红。旱田代耕与水田生产更是保证了普通家庭的日常所需，大量青壮年劳动力从土地上被解放出来，以外出打工获得额外的现金收入，提升家庭储蓄能力，农民收入提高，脱贫进程加快。

（二）花卉产业

为保证不能外出务工的留守妇女、留守老人有业可做，保证村集体产业平稳发展，驻村工作队和村两委设计发展了另一个新的农业产业。面对贫困农户普遍面临的劳动力弱的问题，如果能发展起一个轻体力劳动、收入又高的产业，对于增加收入、加强脱贫的可持续性来说至关重要。村级产业的发展不能昙花一现，也不能盲目进行，必须在考虑本村资源优势的基础上，以市场需求为导向进行生产。驻村书记协同村两委干部针对产业问题进行深入探索，他们意识到城市美化工程中景观花卉的市场需求量较大，发展花卉种植十分可行。为规避市场风险，他们跑遍了哈尔滨市所有区的绿化部门，以获得市场先机，最终与其中三个区签订了意向订购协议。后来，他们又得到了省机关事务管理局领导的支持，其管理的物业小区绿化所需花卉全部交与靠山村栽种。在绥化市，他们也很快建立了一个销售网络，保证了花卉产业的良好开局。

在没有扶贫资金支持的情况下，王志强书记自行筹资15万元，驻村干部投入10万元作为项目的扶贫启动资金。没有种植大棚，他们借助乡党委的扶贫优惠政策，在洪泽园区免费租用12栋温室大棚。缺少花卉种植技术，陈华请朋友帮助，与哈尔滨市呼兰苗木花卉基地建立合作关系，每年派送3位技术骨干去学习种植技术。种植大棚距离村庄10公里，没有交通工具的村民不便去大棚劳动。致富带头人与村干部的私家车就成为运送车，每天早晚接送他们往返大棚工作，中午包饭。在进入市场的过程中，驻村干部又成为运输队员和销售员，负责把花卉运输到哈尔滨市，经常半夜出发、凌晨三点到达市区现场，有时候还要参与栽种工作。就这样，靠山村形成集生产、运输、销售于一体的花卉一条龙服务，从20万株发展到80万株，从小作坊到正规企业，从花卉单一种植向包括花卉、苗圃、食用菌、黄芪等在内的多样化种植结构发展，进一步降低了市场风险，保障了贫困户的收入。

图 1-3　靠山村花卉种植

立足于这片黑土地，靠山村通过旱田代耕以及联耕联种，解决无劳动能力的贫困户耕作问题，将土地集中起来实现村级效益最大化，农机合作社的成立提升土地耕作效率，保证贫困户生存需要稳定的同时促使家庭收入从单一农作物收成向"半耕半工"的双重收成转变。立足于黑土地上的这些人，靠山村通过花卉产业壮大村集体经济，保证村集体产业的可持续性以及稳固性，提高村庄贫困老人、留守妇女等在村劳动力的生产积极性，转变村民的"等靠要"思想，提高了生活满意度和幸福感。

四、幸福大院

"住房安全有保障"作为"两不愁三保障"中的重要一环，是靠山村能否稳定脱贫的核心指标之一。在冬季时间超过半年的靠山村，泥草房、危房以及无房的老弱病残贫困户的住房问题亟须解决，但是住房修建成本即使有国家补贴，剩余部分贫困户仍无力承担，与房屋配套的道路、水、电等设施修建成本对村集体而言也不是小数。为最大限度利用好扶贫资金，解决村内贫困户的住房问题，靠山村以村集体为主体，打造了社区"幸福大院"。自 2016 年以来，全村共改造危房 149 户，其中散建 23 户、购买 5 户、维修 89 户、入住幸福大院 32 户，使全村危房全部解决到位。

（一）思想疏导与动员

为了转移所有住在泥草房里的贫困户，驻村干部与乡党委、村两委共同策划，设计了用集体大院居住的创新方式解决问题。当地户均宅基地面积较大，小院子占地 700 平方米，大的院子占地超过 1000 平方米。如果能将贫困户的宅基地置换为建设用地，既顾全了贫困户"故土难离"的恋乡情感，实现不增添子女负担的养老压力转移，又为村庄未来发展打下基础。

幸福大院的选址在 3 个贫困户的宅基地上进行，附近泥草房比较集中，而且临近乡镇主干道，为保证置换工作顺利完成，王志强书记与党员干部们反复做这 3 家贫困户的动员工作。其中一户的宅基地面积为 1500 平方米，而且已经购买了建房所需的建筑材料，但置换后仅有 35 平方米的居住面积，他们觉得自己的土地被浪费了，难以接受。为了做通他们的思想工作，王志强书记采取了亲属疏导、感情动员双管齐下的方法进行。亲属告诉他们："幸福大院是陈书记协调上级政策才得到的福利机会，错过了就没有了。现在是给你盖现成的房子，你只需要拿着笤帚和盆碗就可以踏实过生活了。"王书记劝说他们："老两口年纪大了，借债几万块钱盖起来的也是一个很一般的砖房。孩子们都去城里买房了，也不会回来住。这么大年纪了，借债盖这么大的房子有什么用？幸福大院35平方米的房子，里边该有的都有，还有一个小院子，足够生活。"一番话语说到了贫困户的心坎上，他们最终决定将宅基地置换出来，自家购置的建筑材料被村集体原价回收，用于修建幸福大院。就这样，宅基地置换的思想工作一落实，幸福大院的建造工作随之开始。

（二）房屋创新与管理

从地理位置上来说，"保暖"在靠山村的危房改造中处于核心地位。在寒冷而漫长的冬季，普通彩钢房绝对不可行，而普通砖瓦结构的房屋则需要高额成本投入。为以低价保证高质量和高保暖系数，省政府为陈华推荐了哈工大设计的一种特殊保暖模式的建筑样板。这种建筑样板以镀锌槽钢为骨架，墙体里外为水泥压力板，其间夹注苯板颗粒搅拌水泥混凝土灌制，施工进度快，工程造价也较低，同时避免了传统砖混建构出现冷桥的现象，提高了保温系数，还具有防火防震功能。在房屋装修方面，驻村干部与村两委班子从细节入手，坚持人性化考虑，为老百姓提供合理的居住条件。小到贫困户晾衣架的问题、进入房屋的台步、屋顶的雨达这类小细节，大到排水、室内灶台、橱柜、吊柜、吊棚等简易装修，仓房、仓买、公共卫生间公共浴室和公共活动室、室外厕所等公共配套设施一应俱全。幸福大院内，每户贫困户都有一小垄土地，用于种植蔬菜，满足日常生活所需，贫困户真正实现"拎包入住"。

作为第一个村集体所有的幸福大院，管理维护也是一道难题，管理不好又是一个"破烂家"。村级幸福大院虽然实现设施、居住于城市小区的趋同化，但在村庄依赖物业公司管理，提供高额物业费来保证幸福大院的环境整洁并不现实。基层干部们采取村民自助的管理模式，鼓励幸福大院居民自发成立大院管理委员，以村长负总责，通过轮流值日的方式保持大院卫生，同时以正向激励的方式鼓励住户爱护公用设施。现在的幸福大院环境越来越好，管理越来越顺畅，不仅得益于村长、管理委员的精心付出，更得益于幸福大院住户公共意识的增强，大家爱护公物、互相考虑、相互尊重。

图 1-4 靠山村幸福大院

（三）幸福大院的优势

村级幸福大院的建设真正实现了老有所居。随着老龄化社会的到来，那些老无所依的贫困户需要有一处住得安心的房子，这些人不仅仅有本村的贫困户、危房户，还有那些回流的贫困户以及在外流动的弱势务工者。

对贫困户来说，住到幸福大院意味着他们告别了过去提心吊胆的日子，贫困户吴振清说，"原来的房子特别不像样，房盖都坏了，四处漏风，在炕上睡觉，被褥上边不是漏雨就是掉灰，实在是住不了。儿女没钱给盖，自己没钱修，成天愁房"；意味着他们可以有尊严、有价值地生活，贫困户赵树金说，"我的房子交给儿子了，老伴去世后，儿子担不起家，我也不想天天看儿媳的脸色，还好有幸福大院，我自己付房租，自己住自己的，干点活养活自己，活得自在"；意味着他们的幸福感增强，"我们土生土长的农民，离不开这片土地。虽然县里有楼房，但是我们觉得拘束，即使是乡镇幸福大院，周围有住户还是感觉孤单，只有村里的幸福大院，左邻右舍都是自己熟悉的人，子女回来也很方便，我们才愿意住在这里，有真正的幸福感"。

幸福大院房屋的所有权至关重要。村集体决定，只要将自己的宅基地进行置换的贫困户都拥有院内房屋的所有权，而不是居住权，这与乡镇幸福大院相比是较为突出的优势，所有权可以增加住户的强烈归属感。村级幸福大院内，左邻右舍都是本村人，相互之间可以照料。不仅如此，幸福大院带给他们的除了住房条件的改善、生活质量的提升，还有来自义务体检、物资捐赠以及免费志愿者劳动的温暖和爱心。绥化市医院专家定期到幸福大院开展义诊活动，一年义诊农户120人，赠送药品价值3000元；村级爱心超市得到了绥化市人大等部门和社会力量的帮助和爱心捐助；省机关事务管理局筹措帮扶资金35万元，向靠山村群众捐赠电视机、电脑台21套，各类厨房餐饮用具3000余件，图书500册，衣服5200余件。一位妇女讲道："我们老羡慕幸福大院的养老生活了，闲的时候大家坐一起溜达唠嗑打扑克，有了毛病大家也都能知道。如果政策一直这样，我们老了也愿意把宅基地交公（村集体）住幸福大院。人家那屋子整得板板正正的，炕席都是现成的，就差没买笤帚，进屋直接就可以开火做饭了，除了锅、铁炉子都是现成的，这能不羡慕吗？"

靠山村的其他群体也有权入住幸福大院：因病、因残致贫的务工回流人员以及五保户申请，经村集体讨论同意后，可以免费入住幸福大院；一般农户需每年缴纳 500 元住宿费；也有一些流动人员，在外出就业困难、本村又没有住房的时候，回乡之后也能够入住幸福大院，休整好之后再行出发。村集体所有的幸福大院已有 6 户务工回流人员入住。可以说，幸福大院为外出打工者保留了回乡的底气，不论外出的结局如何，他们仍然有安身立命之地。不少外出务工者将自己的宅基地置换出来，避免自己的房子年久失修，又保证自己未来的住房安全。幸福大院现代化的生活方式同样避免了城乡流动之间的居住适应问题。同时，幸福大院留有 5 间空房应对村庄突发紧急状况，成为一种应急机制。幸福大院的建设为农户从分散居住向集中居住转变，从自种自营向参与农业合作社方式转变，逐渐适应集聚分工生活，逐渐养成公共意识、集体理念，为城镇化建设提供必要的保障。

为发挥置换宅基地的最大经济效益，使宅基地由资源变为资产进而成为高效生产资料，驻村工作队带领村两委多次考察，与农户攀谈，进而达成共识，决定利用手中的宅基地形成大院经济试点，以葡萄、草莓等经济作物为主，辅以苗木种苗催芽等特色种植，为哈尔滨市周边苗木基地提供种苗，形成差异化发展态势，开创了农业"特色种植"规模经济的有益尝试。通过幸福大院，贫困户、边缘户的住房问题得以解决，保证脱贫攻坚工作的有序进行，为新型村级养老模式开创新局面，为保障回流贫困人员留有余地，为外出务工者留有未来的兜底保障，帮助农民对接城市新型生活方式。这些从点点滴滴做起的实事，让贫困户的衣食住行和精神面貌实现了翻天覆地的变化，让靠山村走在了脱贫攻坚的前列。

图1-5 靠山村幸福大院志愿服务

五、靠山经验

从"大破家"到脱贫示范村，靠山村在"两不愁三保障"、基层党组织建设、产业造血、村庄基础设施建设以及乡风文明建设等方面取得卓越成效，村民的生活指数、精神面貌以及内生动力明显提升。

（一）"小车不倒只管推"

村庄基层"战斗堡垒"的修建稳固了党员干部们的出发

点——一切为了群众服务。驻村工作队与基层干部的合力激发了基层党组织的活力,他们将思想涣散的基层组织凝聚起来,他们生活中做的点点滴滴记在百姓心坎上,他们一步一步把幸福大院建造起来,切实做到"两不愁三保障",真正将实事落地,陈华说:"几年来,我们饱尝了酸甜苦辣,流下了滴滴汗水,才看到今天发生的变化,才能把事业发展起来,才能把人的思想变过来,转变过来才能干事,才能谋事。"基层干部的合力为靠山村的发展打下了扎实的基础。在这个基础上,未来的基层干部和村庄能人只要不忘初心,坚持"小车不倒只管推",每一个人就都是一辆"小车",只要小车在路上,围绕"一切为了群众服务"的本心走,小车不倒,村庄就按照这样的轨迹继续发展下去,实现村庄稳步发展。

(二)"产业走向快车道"

靠山村本着"有钱就干有钱的事,没钱就干没钱的事"的共识,将村庄的土地集中起来,水田设施利用起来,特色种植经济搞起来,产业发展呈欣欣向荣之势。靠山村的产业发展已经进入了快车道,有了方向感,村庄工作也顺畅了。为巩固、稳定、壮大村集体经济,真正彻底地体现出造血功能,靠山村在产业发展方面还会继续努力,在巩固现有产业基础上进行合理规划。土地集中连片的努力还要继续下去,保证百姓收入提高,村集体收入稳定;苗圃基地的建设不仅能够创收,还可以打造美丽乡村、走向乡村振兴。靠山村还计划建设农机库房,解决农机散落在外、任由风吹雨打、日晒夜露的问题,延长使用寿命。除了村外的花卉大棚,靠山村也计划在本村内修建温室大棚,既扩大生产规模,也为村民提供更多更方便的就业机会。产业兴旺是乡村振兴的基础和首要任务，靠山村的产业已经走在快车道上，正在稳步推进农民小康以及农业现代化的实现。

（三）"幸福大院新尝试"

面对村庄老龄化程度加深的现实以及城乡流动加快，流动、返乡劳动力的保障服务需求，以村集体为主体、以解决贫困户危房问题为目标的"幸福大院"开启了土地利用方式的新尝试。幸福大院既遵循以中心村为核心的乡村居住布局发展方向，实现集中住宿和现代化家居服务，满足村民的高质量居住期待，又以宅基地置换实现土地资源整合，推进乡村产业稳定可持续发展，盘活集体经济效益，推进城乡协调发展。

对靠山村的村民来说，村庄的变化就是房屋变得安全温暖、环境的美化、村民笑容的增加、家庭积蓄的增长以及劳动的干劲更足。这些亲眼见到的、亲耳听到的、亲身参与见证的实事真正让他们"买账"，让他们愿意跟着村两委、陈华以及驻村干部们做下去，这是他们的信念与勇气。那些年纪大的老人们饱含热泪的眼睛、那些家庭妇女细心体贴的热食、那些新生党员干部们明亮而坚毅的眼神、那些幼童们结伴上学的笑容，组成了一幅幅动人的画卷，从每一个人的心中流淌而过。这就是靠山村，它没有什么丰富的资源或特色的景观，只是黑龙江省一个普普通通的村庄，但就在这个村庄，从驻村干部、村两委、党员干部以及村庄能人到普通村民，他们从点点滴滴做起，一步一步地走出了靠山村的发展之路。

（本案例执笔人：王宇霞　钟丽娜　刘燕丽）

案例点评

选派第一书记驻村扶贫作为精准脱贫支点的扶贫方式,得到了习近平总书记的充分肯定。习近平总书记指出,"扶贫干部要真正沉下去,扑下身子到村里干,同群众一起干,不能蜻蜓点水,不能三天打鱼两天晒网,不能神龙见首不见尾"。[①] 驻村扶贫干部的到来为靠山村注入了新活力,被村民亲切称为"老陈头"的陈华书记将自己比作种子,农民比作土地,在靠山村从点滴小事做起,真正与村民结合起来,发挥党员干部的优秀品质,在村民中间生根开花。以陈华为主导的外来驻村干部根据"领导表率、党员先行、带动群众"的思路,从生活点滴切入,借助志愿服务活动与先进的服务意识与村民打成一片,感染和教育党员群众,激发了村民的向心力。

"有钱就干有钱的事,没钱就干没钱的事。"立足于这片黑土地,驻村干部与村两委合力推行旱田代耕与联耕联种,解决无劳动能力贫困户的耕种难题;发展花卉产业调动贫困老人、留守妇女参与生产积极性的同时实现贫困家庭稳固增收;以宅基地置换的方式建设幸福大院、发展庭院经济解决在村贫困户与回流贫困人员的住房与就业问题。土地集中与土地利用方式的新尝试保证了村民收入,壮大村集体经济,保证了村集体产业的可持续性和稳固性。自上而下的人力资源下沉与自下而上的基层合力充分调动了靠山村人力、物力资源优势,是保证村庄脱贫、稳固减贫成效的重要路径。

(点评人:刘燕丽,中国农业大学人文与发展学院发展研究与社会政策系副教授)

[①] 中共中央党史和文献研究院:《习近平扶贫论述摘编》,中央文献出版社 2018 年版,第 48 页。

第二章

永丰村：

以党建促脱贫

永丰村是黑龙江省伊春市铁力市年丰乡下辖的行政村，距离铁力市约5千米。作为城市大门口的小山村，永丰村本应受城市经济辐射影响发展良好，却因外来人口进入而人多地少，因村党组织软弱涣散，村庄治理日趋落后。在实施精准扶贫以来，以党建为引领，以扶贫为契机，永丰村不仅为村党组织注入新鲜血液，搭建起团结有力的新班子，也谋划出村庄脱贫致富之路，多方面拓宽了村民增收渠道，摘掉了"软弱涣散党组织"的帽子，成为让人羡慕的先进村。

一、靠城也靠山的贫困小山村

20世纪60年代，永丰村开荒了不少土地，在年丰乡中是比较富裕的村庄。20世纪七八十年代，永丰村因为离铁力市火车站近，交通便利，打工做小买卖都很方便，而且靠山近，老百姓烧柴不缺，成为山西、陕西、山东、辽宁等地外来人口喜欢落户的地方。现任村支书崔达东回忆道："一年最多能落户七八户，估计外来人口能占到原本村人口的一半。"在1984年分田到户之前，农村土地是集体劳作,村民认为"人多好干活"。在分田到户之后,永丰村人地矛盾凸显,村集体没有机动地,人均只有3.3亩土地。在以土地为生的时代,永丰村作为城市大门口的村庄,甚至不如偏远地区的村庄。

面对人多地少的困境,永丰村村民开始搞养殖,但养殖业风险大,村民承担风险能力弱。随着社会可流动性的增强,村民发现外出打工要比在村谋事业更赚钱,村内许多青壮年劳动力纷纷外出打工。用原包村干部丛力的话来说:"如果不走出去,就没有出路。"但问题是既没有文化又没有劳动能力的村民,如何能走得出去?在二轮精准识别之后,永丰村有建档立卡贫困户69户125人,占比达22.9%,其中有残疾人18人,残疾且智力障碍者3人。很多残疾人既没有残疾证,也不知道可以享受相应的国家政策保障。

图 2-1 贫困户住房变化图

用永丰村村民马端方的话说,"过去的穷人都是稀里糊涂过日子,没有目标,也没有设想,每天都是凑凑合合地混日子"。尤其是贫困户老人,习惯了"凑合着活",他们舍不得看病,盖不起砖房,认为一辈子这样就行了。崔达东讲道,"村里有些房子破到不敢住人,屋里漆黑一团,炕上被子的颜色都无法形容。冬天厨房大锅里都结上冰不能用,只能在煤气炉上做点饭吃"。如果没有扶贫政策的帮扶,他们可能还是过着"凑合"的日子。

直到2015年,永丰村依然是老百姓口中"没得看"的破落村庄。首先,村庄内基础设施落后。永丰村原来的道路是泥土路,道路没有边沟,下雨天的时候容易造成内涝,需要穿雨靴才能下村;全村没有路灯,夜间出行不便;村民没有公共文化活动场所,甚至村两委都没有好的办公场所,只能去村干部家中开会。其次,农民生活环境脏乱差。柴草堆随处堆放,农机具随意停放在道路

图 2-2　永丰村道路变化图

两侧，生活垃圾随意倾倒，尤其是有的农户在道路上泼脏水，冬天冰雪覆盖之后极容易滑倒摔伤。另外，村民中存在不良风气，如打架斗殴和小偷小摸。在这样"没得看"的破落村庄里，在村村民即使有劲儿也没处使。

二、软弱涣散的治理迷雾

村两委是农村基层治理的重要主体，与农村的发展稳定、与人民的福祉紧紧相连。基层党组织作为党的神经末梢，最敏感、最先感受到百姓的体会和需求。因此，村民生活要安康幸福，必须要有一个团结有力的村两委班子。永丰村村民李奇鹏这样形容村两委班子和村民之间的关系，"村干部和村民之间就像父母和孩子的关系，如果父母能正经干活，孩子也能吃香喝辣。如果父母不干活，不仅孩子没饭吃，整个家也要败落"。永丰村在2015年之前就像是一个败落的家，不仅村党组织软弱涣散，而且更是让各级领导干部"头疼"的上访村。村两委班子成员之间"各自为政""拉帮结派"。永丰村村干部的职位牢牢掌握在一群老党员的手中，并在其中不断更替。当一些老党员还在"循环上访"争当村干部时，他们的家庭经济以及永丰村经济都已经远远落后于时代发展。

（一）一场选举之后又是一场"硬仗"

上访在永丰村似乎成为一个"传统"。许多老党员争当村干部，但这些老党员之间互相不服气，一旦有人被选上，落选的党员通过拉拢与在任村干部有矛盾的村民向上级上访，寻找各种理由状告在任村干部不合格，导致选上的村干部无法任职，从而出现村干部职位空缺、组织涣散的现象。严重的情况下，有连任告状现象，几届村干部的职位通过"以告谋权"获得，却又被下一任村干部以告谋去。在村民的印象里，永丰村的每一届村干部都要经历被上访、被检查的过程。在这个过程中，有的村干部被"赶"下台，有的村干部承受不住压力"自愿"辞职，导致村干部职位空缺，年丰乡政府不得不委派包村干部代理。

在迷雾一样的村庄换届选举中，村民深知每一场选举结束之后一场硬仗又要开始了。因此，在2015年之前的换届选举中，村民参与投票的积极性并不高，有的村民拿到选票之后藏着掖着，生怕得罪人；有的村民在拿到选票之后，直接撕掉。一方面，因为选举过程不公开、不透明，村民认为自己的选票不会影响到投票结果，不如索性放弃；另一方面，村民认为竞选村干部的人都不是"好人"，选谁都一样，即使有好的村干部能在竞选中胜出，也不知道能不能经得住上访。

（二）老党员村干部与时代脱节

2016年之前，永丰村极少发展新党员，而任职村干部的老党员随着年龄的增长，加之长期与外界脱轨，他们的思想观念、知识水平等已经跟不上时代的步伐。村委会需要使用智能手机和电脑办公，而老党员只会使用老年机和算盘，不仅接收不到政府下发的电子政策文件，更看不懂政府文件。老党员习惯于面对面的上传下达方式，导致沟通不畅、工作效率低下。崔达东说："原来的村干部经常骑着自行车去乡里开会，如果有紧急会议，等骑到乡里会议已经开完了。他们不习惯把手机带在身上，村民遇到紧急事情，往往找不到人。"

村干部不能适应新时代发展的需要在农村已不是少数，尤其是在近年各项扶贫政策和项目下放到农村后，文化水平低的老党员村干部没有运用政策和承接项目的能力。因此，农村急需一批"新鲜血液"的注入，而永丰村的村干部职位掌握在老党员手中。从各级领导干部到永丰村的村民，早就认识到了永丰村的治理问题，但是村庄治理问题极其复杂，永丰村的派系斗争、以告谋权是一股压不住的风气，各级领导干部、村民似乎觉得永丰村已经无可救药，又似乎在等待着一个时机。

（三）村干部"换血"新尝试

当老党员在村庄换届选举中矛盾突出时，"换血"必须要选"新人"，尤其是选自家日子过得好、从不参与村庄矛盾、对村庄情况非常熟悉的人。2011年8月，丛力为永丰村请回了这样一位新人崔达东。崔达东性格温和、个头不高，形象与历史上身材魁梧的村干部完全不同。用崔达东自己的话说，他是一个书生，出身于一个有文化的家庭，他的父亲是老师，爷爷和母亲也是识字人，他们一家人在永丰村颇受人尊敬。2009年换届时，崔达东因为个头小、性格温和，被认为不适合担任村干部。2011年，永丰村迎来新一届村委会换届选举，老党员普遍年龄偏大，个别老村干部也因自身作风问题不适合继续任职。丛力与一些老党员、老村干部一起探讨村干部的合适人选，最终一致认为只有崔达东能够挑起村里的大梁，他群众基础好、有文化、有智慧。于是，丛力亲自将崔达东"请"回。崔达东考虑自己终究要"落叶归根"，便回村参加村委会换届选举。起初，崔达东的父亲不同意崔达东参加竞选，因为他对村干部已经形成了刻板印象，认为"村干部不是好人，还会被老百姓骂得臭名远扬"。在崔达东被选任为村支书之后，崔达东的父亲嘱咐崔达东"一定要认真干事"。

2011年，与崔达东一起搭班子的还是原来的村干部，崔达东作为新人没有任职经历，在一些事情上掌握不了主动权，得不到其他村干部的认可，但他非常随和大度，能将不必要的矛盾主动消化掉。2011年以后，永丰村的村庄秩序已经有了一定程度改善，但要实现彻底转变仍然非常困难。2014年12月，永丰村在村委会换届选举中，选出了新会计，老会计落选。"以告谋权"的现象再次出现，在多番争斗之后，还未上任的村会计退出，村主任也因多重矛盾在换届4个月后辞职，村两委班子的骨干成员只剩崔达东一人，永丰村也在此时被定为"软弱涣散村"。永丰村正在等待一场真正的"换血"行动。

三、以党引领的治理新局

2015年8月，驻村第一书记进入永丰村，各项扶贫工作的开展给永丰村带来了无限希望，但是村两委班子人员短缺，工作进入艰难时刻。"危机也是转机"，崔达东认为永丰村不是无可救药，村两委真正"换血"的时机到了。在向年丰乡乡党委申请补选之后，他瞄准时机，顶住层层压力，致力于选出为民服务的好干部，并开始发展有上进心、有贡献精神的群众入党，逐渐健全了村两委班子，扩大了党员队伍。在驻村工作队和帮扶单位的支持下，永丰村通过"党建带关键"的模式发展产业带动贫困户、教育群众转变老旧观念。经过4年多的努力，永丰村渐入佳境，不仅摘掉了"软弱涣散"的帽子,也成为让人羡慕的先进村。

(一)"一文一武一帮手"搭建强班子

随着扶贫工作的开展,村庄事务逐渐增多,但永丰村能够参与工作的只有驻村第一书记、村支书和村妇女主任三人,工作负担日渐加重。2015年9月,崔达东向年丰乡乡党委申请补选获得批准,启动村委会主任选举工作。为了真正选出能干事、办实事的村主任,避免选举后再次发生矛盾、旧戏重演,他一方面鼓励村里的能人积极参与竞选,另一方面在正式投票之前,他积极协调竞选人之间相互讨论交流对村庄治理与发展的看法,提前消解内部矛盾。最重要的是,他对选举过程的公开、透明、公平、公正的原则进行了大力宣传,村民的选举意识发生转变,投票不再遮遮掩掩,许多出门在外的村民赶回来参与投票,不能赶回来的村民以委托票的方式参与投票。最终,办事能力强、群众基础好的王保以91%的高选票比例当选为村主任。

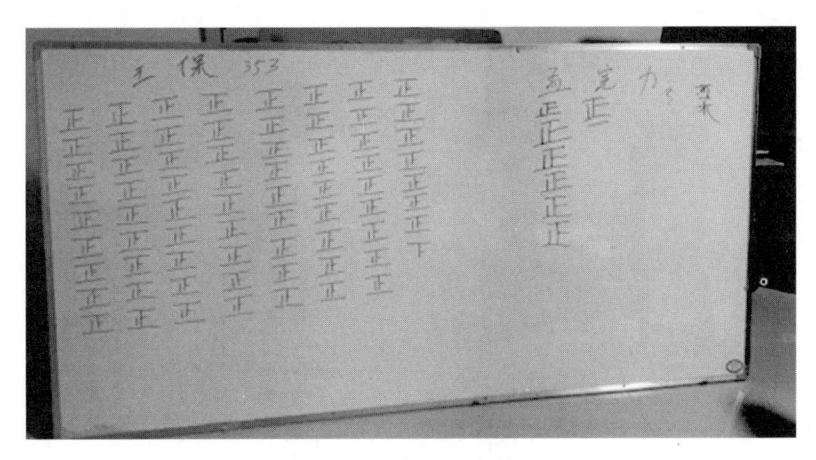

图2-3 王保选举得票情况

王保是一个"外来人"，他11岁随着家庭搬迁从绥化市庆安县来到永丰村，起初，他一无所有，没有像样的房子住，没有土地。因为家庭条件不好，他只上了三年学，十五六岁时外出打工。因为聪明肯干，慢慢地有了一些积蓄，他就开始在永丰村附近承包各种工程，生意越做越大，村民们都佩服他做生意的能力。他家里的工程机械多，只要村民需要，他就无偿给他们用，大家就更佩服他做事大方有魄力。丛力讲道："他家的东西最容易使唤，他家的东西就是老百姓的东西，在这个村里挑不出第二个。"正因此，王保在村里的威望很高，说话很有分量。在承接扶贫项目时，他既有魄力，又有能力。丛力讲道："一事两面，在承接村庄项目时，有的人看到的是困难，畏头畏尾，但有的人看到的是希望，困难是暂时的，可以想办法解决。王保就是办事有魄力，经常能看到希望的人。"铁力市胡国峰副市长则评价王保是"满眼睛里都在找活干"的人。由于王保在村中的威望，再加上他既不与人争利也不受人欺负的个性，在解决村民矛盾时很有震慑力。王保被选任村主任之后，与性格温和的崔达东正好形成互补，一人有办事的能力与魄力、另一人有智慧与战略眼光，二人合力，不但解决了永丰村许多历史遗留问题，还开始培养村干部和致富带头人加入党组织，管好全村、带村民脱贫致富。

村支书、村长都选好了，但是永丰村村委会的会计职位仍然没有找到合适人选。王保虽然识字，但不会处理文字材料，崔达东虽然有这方面能力，但他分身乏术。村民赵艳在得知情况之后，主动申请义务帮忙整理材料。赵艳的腿有残疾，被鉴定为四级残疾，也是贫困户，但她初中毕业，在村里算文化水平高的人。她腿残志不残："村上很多人认为贫困户就是好，但是我觉得磕碜。

在以前最困难的时候,我也靠自己,没有找过领导。"所以在村委会缺会计的时候,她认为,"不能让大局乱了,让别人看了笑话"。崔达东也评价赵艳,"思维像男人,心胸宽广,是个非常有正义感的人"。2015年年末,赵艳开始参与村委会的文字资料和财务工作。工作开始进行得并不顺利,她的文字功底并不强,也不会用电脑打字,但她非常努力地学习,在驻村工作队的帮助下认真学习使用电脑,在女儿的帮助下学习算账。驻村工作队手把手教赵艳打字、写材料,即使再晚,驻村工作队也会陪着她一起完成。因为扶贫工作需要填写汇报的材料较多,她经常熬夜工作,每一次都争取提前完成工作任务。因此,她的工作越干越好,也越干越多,甚至超出了村会计这个岗位的工作内容。2016年,赵艳成为永丰村的代理村会计,她给自己的工作准则是,"别想让困难的人找你,作为村干部要先找到困难的人"。为了向村民证明自己的工作能力,她走家串户了解实情民情,主动将返贫的困难户汇报给村干部和乡镇领导,用执着和认真的态度证明自己,真正走进老百姓的心中。2018年,赵艳以高票正式当选为永丰村的村会计。她做的精准扶贫报表和农村土地确权材料成为铁力市全市学习的样板,在年丰乡全乡10个会计业务水平评比中排名第一,乡里其他会计看到她整理的材料之后都自叹不如,也让她获得了村干部的最高档工资。赵艳用实际行动告诉老百姓,"即使是再平凡的人,把平凡的事情干好了,就是个不平凡的人"。

崔达东、王保和赵艳三人,搭建起了永丰村团结有力的新班子,被驻村工作队和村民们亲切地称为"一文一武一帮手"。崔达东是"文",被大家赞为有智慧,在村庄事务中主要负责战略谋划;王保是"武",威望高、有震慑力,主要负责处理村民矛盾等棘手的村庄事务，但他并不是用武力震慑解决问题，而是以理服人，用党和国家的思想教育和引导村里的老百姓；赵艳是"帮手"，她踏实肯干、耐心细致，工作作风以"晓之以理、动之以情"为主，深得老百姓的喜爱。崔达东说："我们三个人总能一拍即合，只要是我们共同研究办的事，有把握让别人没有理由胡闹。"他们三人组成了村两委的核心，在脱贫攻坚过程中，从贫困户精准识别、精准帮扶到"回头看"等问题共同协商，遇到难题共同讨论解决方案，针对不同类型的村民考虑不同的帮扶方式，遇到矛盾、村民不满情绪，充分利用村庄的人情、面子与关系，选派合适的村干部出面，逐渐开创了永丰村治理的新局面。

（二）精准扶贫下迎来一场雨露甘霖

2016年3月，伊春市人民检察院派驻第一书记吴洪满进入永丰村。看到这里的贫困面貌，吴洪满认为，"农民也是兢兢业业的，按照现在的技术条件，农业生产并不差，所以缺资金、缺技术、因病、因灾不是永丰村贫困的根源，一定要找出永丰村贫困的真正症结所在"。通过调研之后，吴洪满总结出永丰村的两个贫困症结：一是人多地少，产业结构单一，农业附加值低，农民收入来源单一；二是农民冬季赋闲现象严重，"半年挣钱半年花，秋后还要还贷款"。因此，立足于当地资源优势，谋划高附加值的特色农业产业是解决永丰村贫困问题的有效途径。

为了充分了解农民所需，发展真正符合农民实际的特色农业产业，驻村工作队在与村两委商讨之后召开村民座谈会，共同商讨方案，但吴洪满发现农民并不是很积极，因为他们有各种担忧，如"驻村工作队能干啥""种了谁来卖""没有钱怎么办""有人没地种怎么处理",这些都是驻村工作队无法准确回答的问题。吴洪满学农出身,他深知农业产业发展既要立足于当地资源、不脱离民众,又要考虑农民自身能力,包括承担成本和风险的能力、学习新农业技术的能力等。农民生活本就拮据,投资能力、风险承担能力更弱。因此,面对所有这些困难与挑战,驻村工作队的首要工作是取得老百姓的信任,给他们信心和希望,才能带领他们行动起来。就在此时,一个契机让永丰村村民认识到了驻村工作队的作用,并开始信任他们。

2016年夏天,十几户村民水稻受到药害,村民找药商处理问题,但一直没有得到合理解决,以至双方矛盾激化,村民去市委、市政府上访。吴洪满在知道情况之后,立马联系相关部门人员取证调查,用证据与药商交谈。最终,农民在秋后都得到了合理补偿,并为吴洪满送上一面锦旗。吴洪满的行动打动了村民,村民对领导干部的认识发生了转变,知道解决问题的办法不只是上访一条通道,知道自己的正当利益诉求有了人"撑腰"。在这件事情过后,驻村工作队和老百姓的感情越来越好、越走越近,许多矛盾在村一级就能够解决。老百姓也不再问"驻村工作队能干啥"这样的问题,给予驻村工作队充分的信任和支持。

有了老百姓的支持,驻村工作队和村两委谋划产业的动力更强。他们先后策划了23个产业,每一个产业都经过仔细考察、联系永丰村实际才能开展。最终,永丰村落实了光伏、徐磨油坊、农副产品加工车间、爱眸眼罩扶贫车间、恒温地窖等9项有村集体收入或贫困户分红的项目,扶持和带动党员群众发展了凯丰平贝合作社、蒲公英加工、惠民粮站和酒厂4项个体产业。尤其是平贝和蒲公英的种植、加工,几乎带动了全村老百姓的积极参与,拓展了农民增收渠道。

图 2-4 爱眸眼罩扶贫车间

为保证永丰村的可持续发展，永丰村成立了两项基金。一是后精准扶贫时代发展基金，由村委会委托管理，以基金的管理模式运作，一方面为产业发展提供资金保障，另一方面为永丰村 36 个残疾人以分红形式提供生活保障；二是教育基金，在铁力市邮储银行的资助下成立，资助本村大学生，鼓励他们在毕业之后回报家乡。此外，为了调动村民的内生动力，驻村工作队在年终召集村民开会，驻村工作队队员和村民分别总结自己一年来取得的成就和进步，不仅调动了村民的积极性，也使村民转变观念，在互相"攀比"下竞相发展。扶贫工作就如干渴大地上的一场雨露甘霖，让永丰村村里的人和物开始鲜活起来，呈现出崭新的面貌。

（三）党员能人发展产业促增收

2016年开始，永丰村的党员发展力度开始加大，而且对党员作出严格要求，新发展的党员必须要有奉献精神，必须是对永丰村有贡献的人，必须时刻以党员的标准严格要求自己，发挥"党建带关键"的作用。永丰村要求党员积极参与村庄事务，包括产业发展谋划、环境卫生管理、群众思想教育。2016年以来，永丰村已经发展了8名党员，包括3名女党员。永丰村的党员面貌发生了翻天覆地的变化，老百姓对党员的认识也发生了转变。赵艳讲道："以前都是自扫门前雪，各家管各家。现在只要下雪，新发展的党员全部在村里扫雪，开会的时候没有例外地全部来开会。老百姓都说党员真忙、真累，要是没有党员和村干部的忙，哪有村里的变化。"党员不仅是一个身份，更是一份责任。永丰村的党员不仅是一个普通百姓，更是百姓的模范先锋带头人、领路人。

无论是精准扶贫还是乡村振兴，都需要发现有潜力的本土致富带头人，并挖掘土地及农业的价值和意义。在这个方面，永丰村党支部积极发展致富能人入党，并将有潜力的党员群众发展为致富能人，通过党员身份的思想领悟和责任意识，促进他们积极主动引领村民发展农业产业、拓宽增收渠道。永丰村的每一项产业都立足于当地的黑土地资源，如平贝种植、蒲公英种植、白菜种植和酸菜加工，都充分利用了黑土地的"能量"。村民李奇鹏说："农村的广阔天地大有作为，要让黑土地能养育人。"村民刘官发，也是平贝种植的带头人，他认为："自己就是本本分分的农民，没有什么大智商，就是实实在在跟土里要点钱，这点还是可以的，吃得香，喝得香，睡得香。"在农民"离土又离乡"的大趋势下，有农民能够看到黑土地的价值，并充分利用其价值带动村民致富，实属难得。

1. 党员能人带全村

刘官发是永丰村平贝产业发展的带头人，他不仅自己种平贝，还发起了当地最大的平贝种植专业合作社，推动了平贝产、加、销融合，创造了一个农民增收的有力渠道。

平贝在铁力市的种植起源于刘官发的姥爷。新中国刚刚成立时，刘官发的姥爷从吉林省集安市坐火车来到黑龙江铁力市，他带着平贝的种子，开始在这里种平贝卖平贝。改革开放之后，因为平贝种植利润高，永丰村几乎每家园子都有一小块地种平贝。20世纪90年代初，刘官发父母在园子里种植的平贝能卖到7000多元。刘官发的姥爷告诉他要多种平贝，但刘官发没有当回事，一方面，农村土地面积有限，种植平贝的土地只是一小块园子；另一方面，刘官发同许多同龄人一样，觉得外边的世界更精彩、打工更有出路。1997年，刘官发结婚了，决定在家乡发展自己的事业，他开始搞养殖，但养殖风险大，容易赔钱，所以动起了种平贝的心思。1998年，刘官发把平贝种到了自家的耕地里，成为永丰村第一个将平贝从小园挪到耕地种植的人。

单个农户种平贝的技术再高、质量再好，也很难掌握销售定价的话语权，因此必须联合起来。刘官发一边根据老人们传授的经验种平贝，一边开始学习和摸索平贝种植技术，将田间实践和理论学习结合起来，逐渐具备了一定的繁育种子、种植技术和管理经验，平贝的质量和产量很好。随着刘官发赚了钱，永丰村越来越多的人开始种平贝，但是，他们的种植面积都不大，和药商没有对话权利，所以平贝生产的利润多被中间商赚取。2014年，国家出台政策鼓励大户种植，刘官发开始筹备成立药材合作社，与5个大户一起商量，当年7月便成立了铁力市第一家药材合作社——凯丰平贝种植农民专业合作社。当时，大多数农户持观望态度，只有几户加入了合作社。第二年，永丰村的精准扶贫工作启动，合作社是扶持对象之一，开始有了突破性的发展。在扶贫贴息贷款政策的支持下，合作社有了流动资金，机械设备不断完善，经济效益逐年提高，与大型药商实现了对接，实现了产、加、销的融合。此后要求入社的村民络绎不绝，截至2019年12月，入社户数达到135户。合作社的管理模式是自主经营、分散管理、统一销售，社员生产的产品以高于市场的价格销售给合作社，合作社将产品进行统一加工和销售，所获利润一方面为全村建档立

图2-5　凯丰平贝种植农民专业合作社变化图

卡贫困户分红，一方面根据收购社员的平贝量进行分红。2018 年，平贝合作社为永丰村 68 户建档立卡贫困户分红 13.6 万元，为种植户社员分红 22 万元。

平贝合作社以多种方式带动了全村老百姓的发展。第一，合作社将全村建档立卡贫困户纳入合作社享受定额分红。第二，贫困户可以将土地以高于市场价一半多的价格流转给合作社。第三，农户可以带地入社，获得较高收益和保障，合作社向社员承诺，平贝的收购价格较高、销售有保障。第四，农户可以在合作社打工，即使是老太太也可以在合作社找到合适的工作，在忙季时，用工量大、工钱高，用工最多的时候有六七十人，夫妻两个人一天可以挣 1000 多元。第五，农户可以"学着种"，许多农户在看到合作社种植平贝挣钱后，也开始扩大平贝种植面积，如果农户缺少购买种子的资金，可以在合作社赊账，等销售之后再支付。

"人过留名，雁过留声"，刘官发说，"不要百姓的感谢，不要表面的夸奖，只有说这人挺好就行了"。他作为党员致富带头人，在平贝合作社的发展过程中也有了思想方面的转变，更加具有党员的奉献精神和服务意识。他说："能看到老百姓把钱赚着了，一天乐乐呵呵的就挺好。我其实不是合作社理事长，老百姓是理事长，我什么事都要冲在前头。我不会要求老百姓怎么干，我自己干好了，再让他们干，这样老百姓也高兴，积极踊跃参与。"合作社的发展离不开驻村干部、帮扶单位和村干部的帮助和支持。刘官发说："在扶贫工作开展以来，我们从生活的点点滴滴，感受到了党和政府、领导干部及村干部的关爱和温暖。"这就是扶贫的力量，"用真情、真帮扶"，激发了更多力量参与扶贫。

2. 为党员能人谋发展

杜海涛是永丰村的另一位党员致富带头人，从 2016 年开始发展蒲公英产业，不仅为村民提供了务工机会，也带动了村民种植蒲公英，更为本村村民的蒲公英销售提供了便利。因为平贝是周期种植，起了平贝的地需要停两年才可以继续种植。起了平贝的地土壤肥沃，非常适合种植蔬菜和蒲公英。2016 年，杜海涛尝试在自家的一亩平贝地种植蒲公英，收益 7000 多元。第二年，杜海涛承包个人起完平贝的地，开始专心投入蒲公英种植。起初，杜海涛的想法比较简单，将蒲公英当作菜在市场上销售，利润也只局限在生产环节。

永丰村为了发展党员致富带头人，发挥"党建带关键"的作用，驻村工作队联系伊春市专家对蒲公英行业进行评估，专家认为蒲公英基于当地土地资源，有一定的发展前景。于是，驻村工作队开始鼓励和支持杜海涛发展蒲公英产业。首先，驻村工作队寻找有关蒲公英种植和预防技术的资料给杜海涛。其次，驻村工作队指导杜海涛注册营业执照，蒲公英开始做成瓶装产品。最后，驻村工作队和帮扶单位帮助杜海涛打造蒲公英品牌、联系销路。2017 年，蒲公英产业已经从试验生产发展到正式生产，从小作坊加工逐步过渡到产业化加工和销售。杜海涛说："没有驻村工作队和帮扶单位的支持，不可能发展得这么快。"现在，已经有几家贫困户开始跟着干，如果贫困户不能将自己的蒲公英销售出去，杜海涛可以收购他们的蒲公英，保证贫困户的蒲公英销售有渠道。

在特色农业产业带动之外，永丰村将成立的稻米合作社、正在建设的酸菜加工厂等村集体产业承包给党员能人，不仅为党员能人提供发展和致富的机会,也为村集体创收。可见,永丰村充分发挥了"党建带关键"的作用,通过党员能人带动村民发展农业产业,使党员能人成为永丰村发展的主力军。

(四)组织引领激发群众内生动力

在扶贫工作开展以来,永丰村"形成了一股风,老百姓就像地下的尘土,下沉的领导就像是风,风来了就可以把土带起来",李奇鹏这样形容永丰村的扶贫工作。崔达东说:"大家不是懒,干劲挺强的,只要有钱挣,大家都上。"实际上,农民不是懒惰、不思进取,他们更多的是缺少机会和平台。在扶贫工作开展以来,驻村工作队、帮扶单位、村干部、致富带头人从多方面为村民提供增收渠道,村民的内生动力也逐渐被激发出来。

首先,村民在致富带头人的引领下参与产业发展。有了致富带头人的示范引领,农户在发展高投入、高风险产业时更加有底气。平贝产业作为新型产业,虽然效益在传统粮食作物的五倍以上,但风险也是同倍增长,而永丰村的旱田已经基本上都种植了平贝。其次,村民开始发展小园经济、自主搞创收。在扶贫工作开展之前,永丰村的妇女在冬天晚上打麻将消磨时间,吃不完的萝卜直接丢弃。现在永丰村的妇女开始认真经营自己的小园,在冬天闲暇时间琢磨小项目增加收入,知道可以将吃不完的萝卜做成干菜卖钱,为自己搞创收。冬天,妇女在家做黏豆包和干菜,通过微信和电商销售出去,一个冬天可以挣到6000多元。永丰村的邮政快递非常方便,只要打个电话便可以上门取件。另外,猫冬的人开始外出打工。永丰村建了一个村庄微信群,只要有招工信息,便会发送在群中,有意向的人可以去务工。

俗话说，"人闲是非多，百忙解千愁"。永丰村的村民行动起来了，不仅生活水平提高，村庄的矛盾也减少了。用村民李奇鹏的话说："现在村民知道去找自己的毛病了，知道自己去找差事做了。"王保说："改变的最大原因是大家伙都干着有劲，很有成就感。"永丰村村民内生动力的提升在于他们看到了希望，只要不懒，就有出路。永丰村村民在日子越过越好的同时，素质也得到了提升。村庄治安变好，小偷小摸的现象没有了。崔达东说："原来忘在农地里的农具第二天起来就不见了，现在在地里干完活农具都不用拿回去，别人看见之后，觉得偷磕碜，会踢在旁边，担心把过路车扎了。"

村民生活改善之外，永丰村在铁力市政府的引导下，已经率先开展了农村人居环境卫生整治工作，全民参与环境卫生整治。如果有人不打扫卫生、乱扔垃圾，保洁员会进农户家打扫卫生，同时对此类村民进行批评教育。在环境卫生整治工作开展之前，一般每家门口都有一个垃圾堆，直到攒够一车才清理走。玉米秸秆在冬天烧的灰堆在路边，开春的时候才拉到田地里。现在农民的思想观念开始转变，主动清扫自己的院子，有垃圾随时扔。永丰村建设了阳光堆肥房、垃圾分拣中心。以实现生活垃圾减量化、资源化、无害化、利润化为目标，真正实现变废为宝，把垃圾生产成化肥向市场销售。虽然工作正在筹备阶段，但村民主动参与环境卫生整治的意识有了很大程度的提升。街道清理员说："环境卫生就是一家人的门面，如果人家看到你家门口干净，就会有个好印象，也愿意到你家来；如果你家门口脏得不行，别人都不愿瞅一眼。最主要的是，把环境卫生搞上去，本身自己心理就敞亮，干啥事都觉得有劲。"

四、扶贫的治理成效和经验

扶贫就是扶心中的梦想和希望。永丰村在扶贫工作开展以来，不仅解决了"两不愁三保障"问题，更燃起了村民对美好生活的向往。崔达东说："如果没有扶贫政策，贫困户还会是原来的生活状态，现在房子修好了，屋里收拾得亮堂堂的，老人心情也都好了，没有一个人后悔修房盖房的。"现在走进永丰村，不再有人住破烂泥草房，不再有破烂不堪的泥边沟，村委会也得到了重建。永丰村从"让人头疼的村""没人愿意理的村""排名最后的村"变成现在"数一数二"的先进村，引起了各级领导的关注和支持，各级领导对永丰村给予了厚望。路过永丰村的人都对永丰村近几年来的变化赞不绝口。崔达东说："别人都羡慕我们村，说我们村的变化太大了，但是我是没有这个感觉的，我可能不知

图 2-6　村文化广场变化图

足，永丰村以后要越来越好。在未来的发展中，永丰村要打造成花园式的文明和谐村，让能上楼的人不愿意上楼。"永丰村的取名寓意是企盼永久丰收。在短短几年内，永丰村发生了翻天覆地的变化，这仅仅是永丰村的开始，永丰村要巩固已经取得的成果，继续前行。

俗话说："人无头不走，鸟无头不飞。"永丰村的转变发生在村两委班子"换血"之后，永丰村终于找到了合适的领头人和示范人，村民也开始行动起来，在过日子方面形成了"攀比"之风，争相过好日子。永丰村整体上形成了以党引领、以理服人的治理新局。无论在经济方面还是在思想意识方面，永丰村都呈现了治理新局下的转变，逐渐成为让人羡慕的先进村。永丰村的经验表明，无论是精准扶贫还是乡村振兴，都必须要加强基层党组织建设，通过强化党建引领，筑牢发展根基。首先，一个强有力的村级领导班子是关键，通过强化村两委班子队伍建设，不仅可以推动自治、法治、德治"三治融合"的乡村治理体系建设，也能更好地激发基层活力，带动村民脱贫致富。其次，村两委班子需要不断注入新鲜血液，需要积极鼓励和引导农村能人加入村党组织，以更好地发挥党员能人在村庄治理、产业发展、乡风文明等方面的作用。最后，相信永丰村在以党引领的治理新局下，能在乡村振兴中走出企盼的"永久丰收"之路。

（本案例执笔人：钟丽娜　李文慧）

案例点评

2017年6月23日，习近平总书记在深度贫困地区脱贫攻坚座谈会上强调，"要把夯实农村基层党组织同脱贫攻坚有机结合起来，选好一把手、配强领导班子，特别是要下决心解决软弱涣散基层班子的问题，发挥好村党组织在脱贫攻坚中的战斗堡垒作用"。[1]永丰村原作为一个村党组织软弱涣散、群众矛盾不断的贫困村，2015年开始从选好配强领导班子入手，加强农村基层党组织建设，努力突破治理困局。注入新鲜血液的村两委班子紧紧抓住国家项目资源的输入，立足于黑土地资源谋划产业，在产业中培养党员致富带头人，借助于党员致富带头人的力量激发贫困群众内生动力，并逐步找回有信任的"干群关系"。永丰村的案例表明，好的领导班子不仅能在村庄治理中发挥堡垒作用，也能在产业项目中培养好的党员致富带头人，激活村庄中"人"和"事"的良性运作，形成治理与经济双向促进的新发展格局。

（点评人：孟祥丹，吉林大学哲学社会学院社会系讲师）

---

[1] 中共中央党史和文献研究院：《习近平扶贫论述摘编》，中央文献出版社2018年版，第47页。

第三章

苏苏村：

从"黑三星"到"示范村"

苏苏村隶属黑龙江省佳木斯市桦川县悦来镇，位于桦川县以西3千米，东临悦来镇悦江村，西与悦来镇中和村为邻，南与创业乡接壤，北靠著名的松花江。苏苏村建村史相当悠久，至今已有500余年的历史，比悦来镇、桦川县和佳木斯市的建制都要早。"苏苏"在赫哲语中为"草木茂盛的地方"，曾是赫哲族人聚居的地方，他们以打猎捕鱼为生。

一、脱贫背景："黑三星"

苏苏村虽然地处东北大平原，但人均耕地面积比黑龙江的大多数村庄都少，且较为分散，人地矛盾比较突出。苏苏村优越的地理位置曾经吸引了来自山东、吉林以及其他地区的移民迁入，人口增长较快。1958年，桦川县建修悦来灌溉站，占据苏苏村近80%的耕地。为了确保全村村民耕者有其田，苏苏村在距村几十千米以外的地方寻找荒原进行垦荒。1968年至1975年间，苏苏村在距离本村100多里的荒原开垦800多公顷耕地，之后，苏苏村的耕地面积逐步扩大。时至今日，苏苏村耕地仍然"四分五散"，分布在多个区域，形成了跨乡镇耕田作业的局面。这段垦荒岁月，虽然彰显了村民与贫困抗争的勇气，但为后续的人地矛盾埋下了隐患。

苏苏村地处城郊，在2014年就被定为"软弱涣散村"，是典型的上访村、贫困村以及难点村，被当地老百姓冠之以"黑三星"的称号。人地矛盾、历史遗留的土地问题以及村集体经济薄弱成为村庄发展的核心障碍。苏苏村由四面八方而来的移民组成，这些人思想的不统一使得村庄管理难度很大、力度很弱。曾经开垦的荒地因为地理位置偏远、地处低洼、内涝严重，愿意耕种者少之又少。经过村民的不断努力，该村的土地条件有所改善，但是近些年国家的"清化收"，即清理不合理的合同、化解村里债务、收回农民手中不合理的土地，甚至对农民耕种多年的土地开始收费，导致村中与人地关系相关的矛盾越来越突出。不仅如此，1998年，苏苏村土地二次承包分给每位村民3.4亩土地，但是随着新生儿的出生，地缘管理混乱再加上抛荒等现象，导致土地面积与家庭人口数形成供需错位的现象。2006年，苏苏村在调整土地时并不公平，一些本来在娘家有地的媳妇，在本村又分得了土地，还有个别村干部给亲属分了相对较多的土地，进而激化了人地矛盾和干群矛盾。近几年，随着国家对农地补贴力度逐渐加大，人地矛盾更加突出。获得多块耕地的不愿上交，支部书记也无法说服，而没有土地的村民找村两委解决土地问题时往往被推三阻四，解决不了就不停地上访告状，以至于村庄风气越发不好，成为远近皆知的"上访村"。

从集体化时期开始，村集体财政始终处于负债状态。村集体需要在保证口粮的同时在短时间内缴够公粮、保证义务工出工量，可面对拖欠、耍赖、拒缴的村民，村集体只能以高价买粮上缴、雇人出工，长此以往，该村便产生了高额的债务。到国家取消农村的各项税费时，苏苏村负债已超过300万元。村委会没有一个专门的办公场所，工资待遇低加上农活压力，村干部的工作积极性也不高，使得村委会成为一个流动阵营，村干部有事才来村委会，处理完事情便离开。即使召开村民代表大会和党员大会，参加的人员也不多。本村党员中，大多是流动党员，仅有22人常住村庄。这些常住党员也常以农忙、串亲戚等各种理由不参加村里的党员会议，开会时经常只有七八个人，上级信息不能准确及时地传达到党员，更不用说传达给普通村民。不仅如此，村干部不作为、乱作为、个人消费记公账的问题突出，对村集体债务以及集体经济薄弱的问题置之不理，更是降低了村民对村干部的信任度，甚至被村民戏称"村委会里不见人，只剩锁头把大门，碰上一问不知道，愿意哪告就哪告"。

苏苏村总户数750户，其中贫困户共111户，皆为因病致贫户，靠自身能力无法摆脱现有处境。村集体负债累累，村两委软弱涣散，村民又不断上访，导致村两委即使换了新班子，也"上一个倒一个"，始终不稳定，形成了恶性循环，严重限制村庄的发展。如何扶持贫困户、偿还集体债务、实现村庄发展，成为苏苏村的核心难题。

二、笃定前行：以党建引领整队伍

多年来，苏苏村头上戴着软弱涣散村、贫困村、难点村"三顶帽子"，村情基本特点是"六多"现象：累积矛盾多、村级债务多、发展困难多、耕地纠纷多、村民诉求多、贫困人口多。为解决苏苏村这样一个大难题，黑龙江省选派黑龙江省农发行驻村工作队以及佳木斯市桦川县扶贫联络组，联合承担苏苏村脱贫攻坚的责任，于2017年5月进入苏苏村，但是2016年至2017年的村两委班子尚不健全，村党支部没有书记，整个支部处于半瘫痪状态，村庄事务难以有序开展。省农发行驻村工作队和县驻村联络组全体队员为突破重围，打开脱贫攻坚的切入点，结合苏苏村实际，积极探索引领全村精准扶贫的突破点，把"抓党建促发展、强党建促脱贫"作为重中之重、急中之急，以党建统领作为化解村庄矛盾和维护稳定的突破口，确定了一条有方向、有目标、有特色、有举措、有成效的新路子，即"筑牢一个阵地、强化党支部班子、锻造先锋队伍"的战略举措。

（一）筑牢一个阵地

为加强全村党组织阵地和党员活动阵地建设，引领脱贫攻坚工作，驻村干部与村干部合力投入资金7万元，将原村委会改建成面积为300平方米的党建中心，为全面开展党建工作、确保有序推进精准脱贫奠定了坚实的基础。

2017年9月，集党员活动、党建档案、支部建设、村级发展、脱贫攻坚、文化展示、体育健身七个主题室于一体的党建中心建设完毕。每个主题室都根据村情实际确定了主题语，且分别用图版、图片、图标、图示、图例充分体现党中央明确提出的加强基层党建工作的一系列总体要求，做到了各项制度上墙、发展目标上墙、实现方式上墙、管理措施上墙、脱贫举措上墙、扶贫成果上墙、脱贫变化上墙、农民作品上墙。通过七个主题室全面展示

"抓党建促扶贫"理念，时刻激励党员干部和村民躬身建设美好家园。

党员活动室也就是村内召开各种会议和开展活动的办公室，其核心标语是"党建统领，勇创一流，悦来越好"，要坚持党的领导，廉洁奉公、廉洁为民；村委会办公室的主题词为"发展先行，创新争优，悦来越富"，这也是村委会的职责所在；脱贫攻坚室展示的是"脱贫为民，精准施策，悦来越美"，充分体现了扶贫进程中危房改造、饮水入户、广场建设、路面硬化、环境整治、产业发展等建设前中后的巨大变化；文化扶贫室坚持"文化引导，大树新风，悦来越正"，左侧悬挂的字画来自于省内、国内较为知名的书法家，这些字画不仅展示了农村人有文化追求的一面，而且通过每年将其中一幅字画作为脱贫的奖励，村民们对此也非常重视，而右侧则是村民自己用手机拍照展示的村风村貌，以文化宣传引导的方式鼓舞百姓向正能量的方向发展。由此可见，党建中心的每一个主题室都不是束之高阁的形象工程，它们充分展现了苏苏村的发展规划和脱贫举措，真正做到了制度规划在墙、措施路径在地。

党建中心的修建不仅为村民意愿的表达提供正式场合，更筑牢党员阵地，成为驻村干部和村干部真正的战斗堡垒。各主题室的标语无不展现了党建中心的核心要旨，党建中心不仅成为党建工作平台，更是脱贫攻坚平台、产业发展平台、共同富裕平台、构建和谐平台。在邻近村委会的道路上，苏苏村建设村史一条街，设立村情概况、金代部落、英雄故里等七大版块，把苏苏村的光辉璀璨的历史在村史一条街上通过图版模式展现给苏苏村村民，让他们知道幸福生活来之不易，发挥历史教育人、鼓舞人、激励人的作用。除此之外，苏苏村还修建了 1360 平方米的村级活动场所，将村内威望高、有经验、有组织能力的老党员、老干部、老模范、老军人、老教师、老文艺人组织起来，吸纳动员贫困群众参与到本村的文化队伍中。苏苏村广场舞队和秧歌队成员多达 40 余人，其中贫困人口占三分之一，每日晚六点至八点都会在广场自发组织跳舞、打篮球等休闲活动，并围绕七一、国庆等重大节日或农闲时节开展形式多彩的文体活动，以丰富群众精神文化生活。

图 3-1 苏苏村脱贫攻坚室

（二）强化党支部班子

习近平总书记指出，"农村要发展，农民要致富，关键靠支部"。①加强基层建设,关键在人,关键在党员干部,关键在建强以党支部为核心的基层班子。村党支部战斗堡垒作用的发挥需要一个坚强有力、敢于碰硬、善于作战、一心为民的支部班子。

吕维彬是高级政工师、小说作家,1985年入党、1997年入农发行,2017年,时任黑龙江省分行资深行政副经理的他作为驻村第一书记走入了苏苏村。虽然已经年近60岁,但他带领驻村队员克服农村艰苦的生活环境和卫生条件,吃住、工作都在村内的平房里,驻村后连续无休工作,忙时甚至每天工作长达16小时。吕维彬说:"干了一辈子工作了,丢啥别丢脸,既然让我来了,就决不能放松,就是不当红旗,也要当标杆。扶贫工作,是党之大计、国之大策、民之大事,党组织既然把这项重任交给我,我就一定鞠躬尽瘁,不负所托。"在考察苏苏村村情民情以及党支部建设状况的基础上,吕维彬率先发挥引领作用,带领驻村干部以及村两委班子确认了"党建统领,精准扶贫,兴村富民,全面升级,勇创一流,越来越好,为建设一个繁荣富强的新苏苏而苦心奋斗"的总体战略思路,目的是将党支部建设为学习型、务实型、服务型、创新型、廉政型"五型党支部",党支部成员要充分发挥表率作用,真正帮助贫困人口解决现实难题,增进群众对村班子的信任。

为提高村两委干部的政治素质、管理能力和群众威信,激发村党支部班子的能动性和战斗力,驻村工作队与联络组全体成员组织党支部成员认真开展"两学一做",集中开展学习党的十九大精神和焦裕禄、孔繁森、毛丰美等典型事迹,以此洗涤软弱涣

---

① 中共中央党史和文献研究院:《习近平扶贫论述摘编》,中央文献出版社2018年版,第31页。

散的不良风气,启发党支部成员"民字为本、实字为先、干字当头"。2017年村党支部会议召开18次,着力商议重大事项,解决班子建设、脱贫攻坚、创优发展、提升后劲等突出问题,突出整顿素质低下、班子作风、效率缓慢、服务弱化等问题,对确定的主题任务分解落实到人头,跟踪问效,做到了"说了算、定了干、再大的困难也不变",决不让决定的事情半途而废。彻底改造过去村党支部班子成员不上班、上花班、上空班的情况,改变作风飘、推着干、不务实的习风。推动村党支部向管理标准化、办事规范化、决策公开化和贴近民众化方向的逐步转型。

2018年年初是村两委换届选举的关键时期,在驻村工作队的宣传带动下,村民通过有效民主选举淘汰掉曾经落后溃散的村领导班子。1998年入党、时任村党支部副书记的齐更春当选为村党支部书记,选举同样产生了31岁大专学历的会计和27岁中专毕业的妇联主席,班子结构实现了年轻化、高学历化,两委班子成员都在50周岁以下,班子战斗力大幅度强化。村党建活动室的建立为村庄基层管理提供了最佳平台,村两委干部朝九晚五的坐班制以及由身兼农活、务工等多项活动向身兼干部一职的转变保证了村民有人可找,有地可去,村民的基本诉求能够及时解决。与此同时,村上开展"我为党奉献""我为集体献策""我为群众服务"三项主题活动,通过召开党员建言献策会议,党员畅所欲言,热烈讨论,围绕队伍建设、脱贫攻坚、产业发展、村风民风等内容,提出各项意见和建议,党支部对意见和建议进行梳理,明确主体责任人,逐项分别推进落实,将党员的科学化建议变为行动的现实。这些举措激发党员的工作热情,提升他们的荣誉感、责任感、使命感和自豪感,也增强了村党支部的号召力。

新上任的村两委班子坚持以"不以新债还旧债"的方式应对村集体的巨额债务，在村工作的村干部除换届选举可使用村庄正常经费购买盒饭外，一切开销都要自行承担。在镇里开会的同志，能回家吃饭则回家吃饭，来不及回家的就采取 AA 制自费吃饭，不记村集体的账目，从根本上杜绝大手大脚和铺张浪费行为。2017 年春节期间，齐更春书记在党建中心接待了 56 位要债人和处理了一些电话催款，按照村集体收入与春节前村干部众筹金额按比例偿还部分，余下的按数分期还。村两委班子让村民平稳心态，保证村庄的良性运行，切实解决上访难题。驻村工作队、联络组与村党支部班子成员"白 + 黑、5+2"一心一意地扑在脱贫攻坚事业上，主动作为，切实将村党支部建设成"班子团结能战斗、带领群众跟党走、工作任务能落实、发现问题能处理、群众困难能帮扶"的坚强战斗堡垒，确保"水流走了石头还在、石头更硬"。

图 3-2　苏苏村支部建设上墙

（三）锻造先锋好队伍

为深入乡村开展脱贫工作，彻底根治村两委班子流动懒散不作为的现状，苏苏村在抓好班子的同时认识到锻造一支助推贫困人口致富好队伍的重要性，聚焦精准扶贫，充分发挥村干部、农村党员和驻村干部的先锋模范作用。村干部与全体扶贫工作队员在脱贫攻坚战中默默付出，辛勤耕耘，用自己的切身实践与信仰坚守在这条扶贫战线上。

村干部队伍的建强与村干部任用选拔机制的完善密不可分，通过择优留任现任村干部，优先推荐农村中的致富能手、复转军人等进入村级班子，村干部的扶贫作战能力得到全面提高。现任村干部扭转过去墨守成规、无主动性的被动局面，积极转变服务意识，充分发挥领导意识和模范作用。村两委干部虚心听取村民意见，认真解释相关政策文件，对于合理问题予以解决，不合理的以相关文件进行解释，让老百姓都了解到村干部是在为他们做实事，增加百姓的信任度。通过健全"五星红旗"奖惩机制，即基层党建红旗村、脱贫攻坚红旗村、产业发展红旗村、美丽村庄红旗村以及集体经济红旗村的评定，村党支部书记和村干部都可以获得绩效补贴。截至2020年，苏苏村已经获得了四面红旗，村集体经济还处于起步期，成效缓慢。对苏苏村而言，四面红旗意味着村干部每月可以多得1200元的工资，一年就是18000元，而且如果村扶贫成效突出，绩效考核列全县前十名，其村干部绩效补贴会在原有基础上上浮50%，这也大大提升了村干部的工作热情。

为优化农村党员队伍结构，增强全体党员的能动性，充分发挥党员先锋模范作用，苏苏村先后开展"'十星级'党员评定""看、比、学""一带三帮扶""五百行动"以及"党员党徽"示范行动。苏苏村制定《苏苏村"十星级"党员评定方案》，借助"十星级"党员评定模式，对全体党员开展星级评定，设立学习示范星、组织纪律星、遵规守法星、致富引领星、产业引带星、环境维护星、服务帮扶星、道德行为星、弘扬正气星、和谐构建星，共十个星级标准，年末实行党员自评、党员互评和党支部复评，对每名党员得星情况进行汇总，评定先进星级党员，对得星前5名的星级党员，分别奖励知名书法家书法作品。2017年，苏苏村对6名"十星级"党员和12名单项星党员进行表彰，形成党员踊跃争星、整改夺星的创优氛围，目前这一方案已在全县进行推广。同年，苏苏村党支部成员先后到本县的繁荣村、双兴村进行"一学六看"：学党建做法，看班子建设，看党员作用，看产业发展，看村民自律，看环境治理，看村容村貌。参加学习的党员人人顿感震撼，回村后党支部成员在座谈讨论中人人信心十足，形成了"比学赶帮超"的氛围。通过实施党员"一带三"帮扶模式，每名党员帮带3个农户，这些农户可以是邻居、亲属或者贫困户，驻村32名党员共帮带各类农户106户，目的就是以点带面，星星之火可以燎原，推进思想纯正、精神提振、矛盾化解、家风转变。党员干部开展"五百行动"，即串百家门，管百家事，知百家情，暖百家心，解百家难。党员干部也引导群众自愿参与行动，推动巾帼英雄、好青年、致富能手以及好邻里都搭建了志愿服务团队。通过党员"家庭户外挂标识、戴着党徽走农户"示范模式，即在党员中开展家庭挂牌党员户、戴着党徽走农户活动，营造了"我是党员我自豪、我是党员我奉献"的氛围。

省、县级扶贫干部队伍更需团结一致，克服重重难关下乡入户，争取村民信任。只有村民将扶贫干部视为自己人，细心沟通，有了感情基础，扶贫工作才好开展下去。面对走访、核实农户基本信息、宣传政策、户籍人口、收入支出、财产物产、贫困状态、致贫原因等繁琐内容，扶贫干部不厌其烦地逐一走访，一次，两次，三次……来来回回，反反复复，日日如此。面对糊涂账，他们一点点地从农田、日常生活、子女等将收入支出捋顺开来，面对风凉话、讽刺话、牢骚话，他们不厌其烦地讲解和开导。扶贫干部与村两委干部切实做到"六个走访"——走访低收入户，走访五保、低保、残疾人和鳏寡孤独户，走访危房户，走访"边缘性"户，走访重病、大病和慢性病户，走访党员和村民代表户。每个农户家庭，每个贫寒农户的苦楚和心酸激励着他们前行，入户走访后，他们切实算好四笔细账——收入支出账、财产物产账、享受政策账以及致贫因素账。他们在这些基础工作中仔细推敲着，形成30多本村级脱贫攻坚档案。

为提高扶贫干部的积极性，黑龙江省农业发展银行为驻村工作队设立了奖金和补贴机制，对驻村干部的生活、待遇方面给予全力支持，资深人员年增加奖金15000元，处级人员12000元，科级人员8000元，一般员工5000元，还有冬季所需的20吨煤炭与每年的5万元交通补贴。除此之外，桦川县同样设立了扶贫干部考核提拔的优先机制。桦川县督查考核局借助"督考合一"的方式，将督查落实情况同步形成考核分值，并纳入"两强四双"考核管理评价体系，以作为年度考核评价的重要依据，然后把考评结果与精神荣誉、物质奖励、公务员年度考核以及干部成长进步有效衔接，对督查中发现的表现优良的干部，县委予以重点掌握，优先提拔。扶贫优秀代表不仅可以向上举荐，还能够在表彰大会上进行表彰。提拔机制也同样保证了广大扶贫干部的工作积极性。截至2019年4月，桦川县已经提拔了128名扶贫干部，县域营造出了良好的政治生态。

现今，苏苏村已经被评为全省党建示范村、全省农村思想政治工作示范点、全县优秀基层党组织、全县脱贫攻坚先进村。省农业发展银行驻村工作队被评为全县脱贫攻坚先进集体，县公安局、实验小学驻村联络队被评为全县脱贫攻坚先进集体。驻村工作队长吕维彬获"最美农发行人""龙江最美人物"称号，被评为全省百名优秀驻村第一书记、佳木斯市"双佳"书记、桦川县优秀共产党员、桦川县优秀驻村干部，获"感动桦川人物"称号；驻村工作队员王琦被评为农发行总行优秀共产党员、桦川县优秀驻村干部；联络队长任铁华被评为桦川县优秀驻村干部；苏苏村党支部书记齐更春被佳木斯市评为"双佳"书记，享受乡镇级公务员待遇。

三、万象更新：用行动贴近民心

自精准扶贫以来，苏苏村共精准识别建档立卡贫困户111户234人，贫困发生率为12%（以2014年农业户籍人口计算）。苏苏村认真贯彻落实精准脱贫措施，通过发展生产脱贫85户179人、发展教育脱贫14户16人、生态补偿脱贫36户76人、社会兜底保障脱贫47户61人。2018年，苏苏村成功摘掉软弱涣散村、贫困村、难点村"三顶帽子"，实现了由"黑三星"村到农村党建示范村等多项试点村的成功转化。截至2020年，苏苏村实现全面脱贫。

（一）两不愁三保障

到 2020 年稳定实现农村贫困人口不愁吃、不愁穿，义务教育、基本医疗、住房安全有保障，是贫困人口脱贫的基本要求和核心指标，直接关系脱贫攻坚战的质量。苏苏村村干部与扶贫干部扛起了落实"两不愁三保障"政策的使命。省扶贫工作队、县扶贫联络组与村两委班子三级联合，实施"四清"摸底调查，坚持户数清、意愿清、类别清、任务清，逐户宣传，根据"一个人 30 平方米，两个人 37 平方米"这一标准改造危房，着重考虑冬季保暖需求，在原来的基础上维修、对重建的房屋进行加固，目标是比原来更保暖。改造房屋的窗户都是村集体统一安装的塑钢窗，村内有专门的工程队，队长史洪兴是苏苏村土生土长的农民，也是村庄的致富带头人，他在过去承包工程的基础上于 2017 年 7 月注册兴办黑龙江顺德建筑工程有限公司，公司内除必要技术人员外全部为苏苏村村民，他对村民说："你们光依靠土地收入是有上限的，每年收入就那么多，而且还不稳定，你们跟着我干，不耽误种地，我还能给你们开一份工资，保证不拖欠，让你们拿到实钱。"仅 2017 年史洪兴就拿出 170 余万元为苏苏村村民开支，并拿出自身纯收入的三分之一带动村内 60 户贫困户脱贫致富。苏苏村两年内政策标准和条件的泥草房 102 户，其中贫困户 55 户，低保、五保、残疾人户 23 户，一般农户 24 户。贫困户李春林说："这回扶贫是动真格的了，什么是为老百姓办实事，这样的才真正是为老百姓办事，这样的干部才是咱农民的贴心人。"

作为一个因病致贫村，苏苏村医疗保障由县、乡、村、户四层健康扶贫体系构成，县级队长为主导，每周在乡镇召开例会，对工作任务进行分工，县、乡级医生与村医积极沟通，保证工作顺利完成。县、乡、村三级组成的医疗队需完成走访入户工作，通过贫困户家庭签约医生制度，实现医疗服务团队与贫困户签约全覆盖；通过扶贫义诊活动和免费健康体检活动，保证贫困人口每年免费健康体检全覆盖；通过"一站式"服务和贫困患者就医绿色通道，简化贫困患者就医程序。苏苏村落实"基本医疗＋大病保险＋医疗救助＋小额商业保险＋综合补充保险"五重医疗保障制度，大病、重病户住院医疗报销由驻村工作队全程陪同。2017年至2018年，苏苏村贫困户有131人次住院，享受住院医疗费用报销政策，累计报销金额126.83万元。在义务教育保障方面，苏苏村严格根据《桦川县"控辍保学"实施方案》，确保现存贫困学生"上好学、不辍学"，落实义务教育阶段贫困学生寄宿补助金、在校就餐补助、乘校车补助、生活补助政策与学前教育、普通高中、大学生等困难学生生活补助金服务，全村共有27人次享受到教育扶贫政策，2017年至2018年共获得资助资金5.38万元，确保学生上学无忧。

除"两不愁三保障"外，全村还实现了"三通三有"。基于省级扶贫专项资金以及县级整合扶贫资金，苏苏村建成1360平方米文化休闲广场，安装健身器材19套；村卫生室达60平方米、有村医、有药品、有床位，方便了村民就医；全村通宽带，通广播电视，更新了"大喇叭"；坚持"两清四改"，做到路干净人干净、清杂草清垃圾，改电线、墙面、院墙及内地面。全村硬化路面已达9260延长米，彻底摆脱了晴天"扬灰路"、雨天"水泥路"的局面，解决了出行难问题；修建田间路17千米，解决了全村粮食丰收生产运输不畅的矛盾；对全村农电网线、电表、变压器等一一进行安全排查，全部进行改造；新建机械存放库 60 平方米，并为村集体购置了秸秆打包机、搂草机、运草车各 1 台。全村基础设施建设达到了脱贫标准，加之"脱贫不脱政策"的贯彻落实，为村民高质量的生活创造了良好的条件。

图 3-3 苏苏村基础设施建设

苏苏村"两不愁三保障"的扶贫举措缩小了贫富差距，保证贫困户的日常生计，在提升村民整体素质的同时，促使村庄管理转型，更加规范有序，苏苏村提出"立规矩分责任敢担当"，牢记头上一条红线，不触高压；牢记脚下一条底线，不踏雷区；牢记心中一条水平线，对每一个老百姓都给予公平公正的对待，让老百姓感受到党支部、村委会为人民服务的决心，为苏苏村的发展注入新的活力。

（二）立产业

产业是村庄脱贫攻坚的主心骨，村民要想致富，必须发展产业，但是如何发挥产业的造血功能对苏苏村来说也是一大挑战。苏苏村立足于自身临近县城和水源的地理位置优势、每年 50 万元的国家扶贫资金支持以及涉及养殖、种植、建筑、运输诸多领域的青年致富带头人，选好、建好具有适应性、永续性以及效益性特质的扶贫产业，突出养殖、种植优势，以产业引导帮扶农民增强内生动力，实现共同富裕。

在苏苏村养殖业方向的选择上，驻村干部与村两委进行了深思熟虑的选择：养鸡会因为潮湿的环境面临的严重的口鼻疫问题；养鸭的话因为鸭的个头小，需要龙头企业的带动，数量很多才能获得效益；养牛羊成本高，且临河会存在污染问题；而养鹅适应当地环境，本村人也有多年的养鹅经验，这与东北人的饮食习惯相关——铁锅炖大鹅是东北人民冬季的必备菜肴，而且养鹅不存在出栏压力，多养一天都可以增秤，只不过是饲料相对较多、价格相对较低而已，不会因出栏晚出现销售难题，经过大企业分割包装之后，鹅的价值更能够提升。为实现扶贫资金的快速回笼，推动村集体经济发展，苏苏村成立蓝羽肉鹅养殖基地，将养鹅作为村庄产业发展。

2018 年，占地 1.5 万平方米的苏苏蓝羽肉鹅养殖基地就这样成立了。养殖用地的选择也颇费周折，在无机动地块、无现成场地的情况下，村委会与驻村干部决定在三方争执但隶属于苏苏村范围的沙土地上下功夫。这片土地上，有一间厂房归属于外地的商户，除厂房外的土地曾作为打靶场存在，但是打靶场早已迁址，土地也已经闲置许久，在县级领导的支持下，苏苏村争取到了除厂房外土地五年的使用权。齐更春书记说："我们的原则是尽量压缩开支把鹅厂办好，毕竟扶贫资金是有限的，我们建这个厂子不容易，即使没钱也要保证每一块的质量，今天建好了明天风一刮就倒了，那是不行的。"在苏苏蓝羽肉鹅养殖基地建设过程中，除了140平方米的管理区彩钢房建设由佳木斯市厂家承建外，其余工程建设均由苏苏村党员牵头，带领本村贫困户和部分一般农户分别焊接围栏、浇筑基础、平整场地、铺设红砖、建设鹅棚、安装器材，严格保证建设质量，用短短的50天时间，建起了年养殖规模3000只的肉鹅养殖基地。

养殖基地建立起来了，那么如何发展呢？扶贫工作队在这一进程中鼓励成立公司，但是村内没有人办过公司，也不知道正规发票和审计等事项，村两委干部虚心接纳驻村工作队的意见，相互沟通，接受先进思想，最终成立了桦川县唯一一个村办公司类企业，以村集体的名义注册，发工资、买饲料等走转账流程，不可以用现金支付，非常正规。面对苏苏村的村办企业刚刚起步、基础薄、底子弱的现实处境，帮扶干部积极支持，全力配合肉鹅养殖和销售，驻村工作队现任队长石鹏说："现在养鹅，主要就是看它的成活率。死太多就不挣钱了。为了保证它的存活率，驻村干部和村两委干部这些人都很上心，有责任感，24小时轮流盯着，一盯就是好几周，有什么情况就及时处理。"在第一批苏苏蓝羽肉鹅出栏之际，省农发行主动购买肉鹅近百只，推进鹅场肉鹅的顺利销售。发展村级集体经济最基本的目的就是让贫困户摆脱贫困，让全村百姓过上富日子、好日子，这也是苏苏村当初兴办肉鹅养殖基地的初衷。苏苏村选择一些有劳动能力的贫困户，通过讲解培训，激发他们的内生动力，在开工建设、鹅雏进场、肉鹅饲养和成鹅屠宰销售等各个环节中，充分带动贫困户参与生产劳动，人均增加收入1500元左右，真正实现勤劳致富。2018年苏苏村养殖肉鹅1520只，2019年养殖肉鹅6000只，带动村内111户贫困户增收，每户获得200元收入。通过产业引导增强农民内生动力，将肉鹅养殖作为苏苏村脱贫后的巩固性产业，保证贫困户不会返贫。

为实现农业由增产型向提质型转变，苏苏村借助"社、场、户"三级联动方式，大力发展农业生产合作社和家庭农场，依靠带头人和能人带动贫困户脱贫致富。2017年，驻村工作队与村两委干部在经过认真协商后，将50万元扶贫资金投入占地121亩的东旺果蔬农民专业合作社，以资本收益分红、劳务用工分红、产品销售分红、定价代售分红等模式，带动全村68户贫困户，每户增收1050元；苏苏村驻村工作队协调外来农业有限公司与本村源顺水稻专业合作社签订水稻高于市场价格销售的订单合同，确保合作社水稻"保底"价格销售，对贫困户实行地价分红、超产分红、劳务分红，带动24户贫困户，每户获得收益1030元；借助过去苏苏村永发屯因种植葱、辣椒、黄烟被称为"三辣屯"的优势，本村党员邹凤龙创办了不怕辣十亩田家庭农场，这是以发展庭院经济、种植特色作物为主的"带贫家庭农场"，共带动贫困户4户，每户贫困户借助带地入场能够收益1000元。不仅如此，农场还会为他们提供种子、技术、销售渠道，带动发展庭院经济；苏苏村还额外增加了保洁员、卫生协管员、治安协管员以及爱心超市管理员共15个公益性岗位。就这样，苏苏村借助"社、场、户"三级联动方式以及公益岗位，再一次实现全村111户贫困户的产业全覆盖。

苏苏村除肉鹅养殖基地，果蔬、水稻合作社以及公益岗位外，桦川县县级扶贫产业同样在苏苏村实现贫困户的产业全覆盖。富民光伏发电有限公司带动本村贫困户18户，户均增收2600元；富桦电商扶贫产业通过"公司+村两委+贫困户和脱贫巩固户"的模式，采取订单收购水稻或杂粮等方式计划带动贫困户75户，人均增收1200元；双兆扶贫小额贷款覆盖贫困户18户，每户增收3000元。自此，苏苏村实现村集体蓝羽养殖产业、"场、社、户"三级联动+公益岗位、县级扶贫产业的三重全覆盖，真正发挥带贫产业效益，帮助苏苏村走出适应市场经济发展的好路子。

（三）转民风

在脱贫攻坚进程中，民风的改善是最困难的。一户的转变非常容易，但是要想让全村转变非常困难，尤其是上访不断使得村内风气更加难以约束，村民对待驻村干部的态度非常冷漠，他们将所有来到村庄的干部都视为掩盖矛盾的对立者，村民怀疑一切的态度使得脱贫工作难以有效开展。作为一个上访村，苏苏村游手好闲、打麻将、打纸牌、喝酒、懒散等情况不一而足。良好的村风民风不仅可以营造邻里和睦、社会和谐的稳定局面，还可以巩固活动效果，优化发展环境，促进村内经济发展。因此，从驻村干部入村开始，村庄风气的转变工作就已经在进行了。驻村工作队和村两委认为，必须从党员抓起，党员作为村内的一少部分，先把这一少部分抓起来，作为村民的大部分再跟着党走，村风便会逐渐向好。机制的规范化可以约束大家的行为，进而将上访的民风问题及党组织软弱涣散的问题在村庄内部得到解决。

村班子引导是前提，村风民风转变是关键。为重塑淳朴村风民风，苏苏村借鉴党员活动做法，开展了以"致富、环境、互助、忠孝"等为主要内容的"十星级"文明户和"十星级"文明人评选活动，通过积极有效引领，村风民风不断好转，好人好事越来越多；为提高民风文化层级，苏苏村举办了"祖国好，家乡美"村民手机摄影展，共征集以苏苏村为题材的手机摄影作品39幅，其中精选24幅摄影作品在党建中心文化展示室展览，在村民中逐渐塑造"我参与、我奉献、我快乐、我幸福"的良好局面；为激发贫困户的内生动力，苏苏村依托爱心超市作为对贫困户的激励机制和精神引导方式，提升村民素质。村庄爱心超市的墙上写着两幅大字，一幅是"勤劳积财富，忠孝积美德"；一幅是"善行传千户，博爱助万家"。村里有两名60多岁患癌症的贫困户通过自力更生，到县城内找了打更工作，年收入超万元，他们逢人便讲，"不能躺在国家政策上吃饭，靠双手能多挣一分是一分"。目前苏苏村贫困户自我发展、自主致富的风气已经形成。

苏苏村始终坚持抓党建促扶贫，强党建促发展，真正做到班子强了、队伍壮了、百姓高兴了、贫困户富起来了、风气越来越纯正了。而今的苏苏村仍然在为风清气正、村强民富、文明向上的现代化小康村而继续奋斗。

四、蓄势待发：提质增效谋求发展

习近平总书记在2018年新年贺词中指出，"三年后如期打赢脱贫攻坚战，这在中华民族几千年历史发展上将是首次整体消除绝对贫困现象。让我们一起来完成这项对中华民族、对整个人类都具有重大意义的伟业"。①苏苏村将自身弱项、软肋精准分析,聚焦于软弱涣散、贫困、上访以及发展难点,精准施策。以党建统领,将党建工作作为做好一切工作的根本,不断提高党组织的凝聚力、向心力、战斗力,为苏苏村脱贫攻坚走出了符合实际的新路子。

(一)脱贫攻坚的经验启示

苏苏村充分发挥党支部战斗堡垒作用,在筑阵地、抓班子、带队伍、转风气、促发展上下了一番功夫,实现了苏苏村的脱贫摘帽,真正让村民甩掉贫困,过上好日子、富日子、强日子。

苏苏村坚持"抓党建促扶贫"的指导原则,发挥党员先锋模范作用,提升党员的影响力和带动力,在村风村貌、思想改造以及致富就业上发挥重大作用,实现"输血式"扶贫向"造血式"扶贫方式的转变,鼓励贫困户自谋就业,自寻生计,走出贫困泥潭,他们"自身产氧""自我造血"的道路塑造了向上的良好风气,成为苏苏村脱贫的动力之源。

脱贫攻坚为苏苏村打造了"听党话、跟党走、有本事、能带富、肯干事、干成事、自身正、威信高"的班子成员。这样一套班子,可以保证即使在没有扶贫干部的情况下,他们也仍然能够坚守党建的战斗堡垒,保证工作的有序开展。全面落实基层民主政治建设,发挥村党总支、村民委员会、村务监督委员会等作用,可以推进基层治理精细、高效、有序、规范。切实可用的监督激励机制既落实村干部的工作责任、提高工作效率,又能够保证村干部

---

① 中共中央党史和文献研究院:《习近平扶贫论述摘编》,中央文献出版社2018年版,第25页。

作风廉洁。

苏苏村以"质量、市场、效益"三同步原则,确立了产业发展立村、能人带动兴村、自主创业富村、民主管理治村的发展目标,把产业扶贫作为脱贫攻坚举足轻重的头等大事。苏苏村发展壮大村集体经济组织,撬动全村资源升级、产业升级和效益升级。充分发挥农户传统种植优势和种植户示范作用,规范注册商标,打出特色品牌,引导规模种植,增加农民收益,保证可持续发展。

苏苏村从"黑三星"到农村党建示范村等多项试点村的转型,彰显着思想扶贫、村风民风改造的重要性。村党建中心的文化展示室、体育健身室、文化广场上文体活动的组织以及标准化的爱心超市能够激发村民的致富劲头,营造出一个"勤劳积财富,忠孝积美德""善行传千户,博爱助万家"的引导性氛围。诚实守信、助人为乐、敬老爱幼的新风正气推进了良好社会秩序的建立。

(二)提质增效的蓝图设计

苏苏村的发展并不是一蹴而就的,而是立足于村党支部软弱涣散、村集体经济薄弱以及贫困人口多的现实,脚踏实地,筑牢阵地,抓好党建,锻造队伍,稳定产业,进而实现逐步发展。

苏苏村必须将发展集体经济作为凝聚农户利益、共享乡村发展红利的重要方式。村庄集体产业发展的潜力需要立足于村干群关系的稳固、村民的信任感以及市场环境。苏苏村可通过土地流转推进农业产业化经营,做大做强传统农业主导产业,培育壮大合作社和家庭农场,使农民群众更多地从农业产业链的延伸和非农产业发展中获利。同时加快农村二三产业发展,组织引导群众积极发展投资小、风险低、见效快的特色种养殖经济等，让农民的腰包鼓起来，集体经济的底子强起来。

苏苏村农业产业发展需要从"种得好向卖得好"转变，从追求数量和产量向追求质量方面转变，这样既可以避免农户返贫，也可以实现农业农村发展的可持续。土地流转能够解放劳动力，实现农户"土地流转收入＋外出务工收入"双重收入的转型，水稻种植形成规模，果蔬产业开始起步，庭院经济形成特色。尤其要利用临近县城的地理位置优势引导发展特色庭院经济，向精品农业和精致农业靠拢，满足高端市场的需求。

面对村庄人口老龄化以及青壮年人才流失突出的现实，苏苏村既要持续做到特困供养、临时救助、农村医保、养老保险"四兜底"，也要重视乡村整体发展。苏苏村可通过吸引劳动力回流，鼓励村内优秀中青年从县级转回乡村，参与乡村建设，或以党支部带动、政策扶持等方式培养本村优秀能人，落实"能人带头兴村"目标，将苏苏村建设得越来越好。

（本案例执笔人：王宇霞　丁宝寅）

案例点评

习近平总书记2017年在中央经济工作会议上指出,"要加强贫困村基层组织建设,发挥基层党组织战斗堡垒作用"。[①] 基层党建与精准扶贫的有效结合,是打通脱贫道路"最后一公里"的重要保障,基层党组织的战斗堡垒作用与党员干部的先锋模范作用是脱贫攻坚的重要经验。苏苏村以党建为统领,以化解村庄矛盾和维护稳定为突破口,以村级增收和发展为目标,推进"筑牢一个阵地、强化党支部班子、锻造先锋队伍"战略落实。

为确保精准脱贫工作有序开展,苏苏村建设了集党员活动、党建档案、支部建设、村级发展、脱贫攻坚、文化展示、体育健身七个主题室于一体的党建中心。党建中心充分展现了苏苏村的村庄发展规划和脱贫举措,在村风村貌、思想改造以及致富就业上发挥重大作用,是驻村干部和村干部真正的战斗堡垒。择优留任现任村干部、优化班子年龄与学历结构、优先推荐致富能手、复转军人等进入村两委班子等举措保证了村两委班子的扶贫作战能力。驻村工作队、联络组与村党支部班子成员主动作为,在落实"两不愁三保障"的基础上,立足于苏苏村临近县城和水源的地理位置优势,突出肉鹅养殖、果蔬种植和庭院经济,以产业引导帮扶农民增强内生动力,切实保证村庄可持续发展。

(点评人:丁宝寅,吉林农业大学人文学院社会学系副教授)

[①] 中共中央党史和文献研究院:《习近平扶贫论述摘编》,中央文献出版社2018年版,第48页。

第四章

小南河村：

脱贫攻坚路上的追梦人

一、藏在深山里的寂静小山村

"乌苏里江水长又长……白云飘过大顶子山……"20 世纪 60 年代开始传唱大江南北的《乌苏里船歌》,让人们熟知了地处中俄边境的乌苏里江和大顶子山。在乌苏里江畔、大顶子山脚下,有个寂静的小山村——小南河,它在民间素有乌苏里船歌船头船尾之称,但却是黑龙江省双鸭山市饶河县有名的贫困村、"破烂儿村"。

在饶河县提起小南河可能没人知道,但只要一提"大酒罐子村"那是远近闻名。小南河人爱喝酒、酒量大。每年秋收后,村民们纷纷用板车拉着大缸到供销社或小卖店排队买酒,家家至少买二百斤,能喝的人家买四五百斤。曾有酒厂统计过,仅小南河村五六百人一年拉的酒不下十吨。为何一下子要买这么多酒?因为以前的小南河只有一条出村土路,坑坑洼洼,一到雨雪天气人基本上不能出门,出去上厕所都要穿着大马靴,车子就更不用说了,一到冬天,几乎"封山"。村民们出不去便在家里猫冬,当然少不了喝酒,除了喝酒,人们互相串门、唠嗑、打牌,或是在村里的 7 个小卖铺里打麻将,过着"今天不寻思明天,挣了钱就只寻思吃喝"的日子。由于小南河村民的祖上多是 20 世纪初闯关东的山东移民,在一百多年的历史中逐渐形成了包容、淳朴、团结、好客的民风。

图 4-1 冬日寂静的小南河村

随着商品经济席卷全国,各地经济快速发展,寂静的小南河再也没有之前那样安逸的小日子了。和黑龙江省其他村子比起来,小南河村民的收入普遍较低,村集体更是负债累累,除转移支付外没任何收入。随着农村义务教育布局调整工作的开展,撤点并校工作逐渐深入,孩子们上学的成本也在逐渐升高,大大加重了家庭负担。如果哪家的老人生了重病,昂贵的医疗费用让低收入的家庭根本无力支撑。再加上他们长期养成的"挣了钱就寻思吃喝"的思想,让小南河一直发展不起来,村民陷入了长期的贫困。这个又穷又破的村子,与快速发展的中国经济格格不入,如同大顶子山进入了漫长的冬天一样。但是,冬天很快结束,小南河发展的春天也随之降临。

二、脱贫的乡村旅游

习近平总书记指出："到 2020 年全面建成小康社会，实现第一个百年奋斗目标，是我们党向人民、向历史作出的庄严承诺"。为了帮助贫困地区的人们早日步入小康，过上幸福生活，各省市纷纷选派优秀机关单位人员担任驻村第一书记，小南河也迎来了自己的驻村第一书记——冷菊贞。冷菊贞依据小南河独特的资源，为其量身打造了民俗旅游的发展道路。经过村委班子和村民的共同努力，克服重重困难，小南河的民俗旅游取得非常好的发展，小南河也摘掉了贫困村的帽子。

（一）爱摄影的女第一书记

2015 年 10 月，双鸭山市开始选派优秀机关单位工作人员担任驻村第一书记。这时，还在双鸭山市市场监督管理局任办公室副主任的冷菊贞非常想去，但是驻村第一书记不仅有学历条件，还有年龄条件，她都不符合。两个月后，第二批第一书记选派工作开始，人选条件有所放宽，冷菊贞成功地报上了名，并坚决地选择了无人问津的饶河县小南河村。

冷菊贞选择小南河村并不是偶然。1973 年她出生在饶河县，1996 年在饶河县工商局负责宣传工作，2009 年加入摄影协会，那时景色多变的大顶子山成为冷菊贞的取景圣地，不论晴雨，她经常会骑着摩托车到大顶子山上拍照，为了捕捉到精彩的画面，经常一待就是一天。2014 年到双鸭山市工作后，她的内心仍然惦记着那座山、那片景，满怀着一份对大顶子山的热爱、对饶河县的乡愁以及一名共产党员的初心，她选择了担任饶河县小南河村的驻村第一书记。

2015年12月，经过一番培训和准备后，冷菊贞终于来到了小南河。早上七八点钟的小南河是寂静又美好的——空旷的雪地上撒着温暖的阳光，家家户户的烟囱里缓缓地冒着炊烟。她闭上眼睛享受着这片刻的寂静，同时也在思考如何带领村民脱贫致富。在她看来，小南河的确很穷，穷到只剩下破旧的木刻楞老房、老豆腐坊、老牛马车；但小南河也很美，巍巍的大顶子山气象万千，清澈的山泉河叮叮咚咚，夕阳下的小南河寂静而祥和。这里的所有是摄影人钟爱的，也是城市里快节奏生活的人们所求之不得的。如果把这些资源利用好，把小南河传统民俗旅游搞起来，那小南河人们不就富起来了？她给这个贫困偏远的小山村设计了一个美好的乡村发展旅游梦，想用大山里最美好的风景写出最美好的创业经。

乘着脱贫攻坚的东风，小南河村迎来了驻村第一书记——冷菊贞，她带来了发展民俗旅游的种子，在经历过磕磕绊绊之后种子终于生根发芽，并茁壮成长，小南河的春天来了。

（二）旅游初遭困境

作为小南河的"外来人"，冷菊贞想要打破村民传统观念，发展民俗旅游显然是困难重重。就像有村民说："我都在这生活了40年了，这破村子谁爱看你这玩意儿？搞旅游就是瞎折腾。"如何说服大家跟着一起干，如何取得村民们的信任，成为冷菊贞发展旅游面临的第一个难题。

发展民俗旅游，首先要解决的是吃饭和住宿的问题，发展农家乐则显得非常必要。当冷菊贞将自己的想法在党员会议上讲出时，没有一个人回应，最后只有李忠海说："我干。"于是小南河第一家农家乐便诞生了。仅仅一家肯定不足以支撑小南河旅游发展，但村民们更多安于现状，并不想去"折腾"。冷菊贞并没有气馁，而是用自己的行动说服大家。她挨家挨户做工作，话不多的她，在那几天愣是把嗓子说哑了，还自费买了窗花、花布去给大家布置，挨家挨户地打扫卫生。在她的动员下有几家逐渐同意并开始搞农家乐，并且每一家风格特色不一。

农家乐的兴起，让越来越多的人来到了小南河。小南河的旅游事业逐渐风生水起，村民看到了希望，大家的积极性和主动性逐渐高涨起来。随着游客的增多，游客对村里的卫生提出了意见，冷菊贞就亲自带头去打扫，一些村民也出现了"能多捞点就捞点"的思想，饭菜质量下降，冷菊贞知道后，便将农家乐的村民召集到一起苦口婆心地做思想工作，之后也成立旅游协会，统一各个农家乐的标准与质量。

旅游业的初步发展，让村民们认识到这个穷村子是有出路的，大家逐渐拧成了一股绳，共同摸索适合小南河自己的旅游路线，他们深刻地知道："只有小南河好了，我们才会好。"虽然在这个过程中会遇到很多困难，但跨过一道道坎儿，他们逐渐看到了希望，获得了成功。

（三）旅游助力脱贫

2015年12月，冷菊贞来到小南河并开始规划发展旅游，在村委班子和村民的共同努力下，旅游事业开始发展。

2016年1月6日，小南河迎来了浙江萧山的第一批游客，原汁原味的东北民俗和东北菜让游客感受到了小南河的真实；同年1月26日，小南河接待了3个旅游团，这让村民们看到了小南河发展旅游的潜力；2016年的2月，陆续有140多个团、1500多名游客来到小南河。冷菊贞趁热打铁，利用"二月二"的契机打造了"开耕节"，不仅迎来了200多名摄影师和户外爱好者，还上了央视的《中国新闻》。之后他们趁热打铁，先后举办"五一三天乐""端午一日游""七七乞巧节""中秋情"等项目，共迎来1.6万人次的游客。2016年，小南河的旅游红红火火，旅游收入达30万元，户均3000元，4个贫困户在年底摘掉了穷帽子。

图4-2 "二月二开耕节"活动庆祝

2017年春节期间，《我们十七岁》明星"过大年"在全国播出，这期节目就是在小南河拍摄的，节目的播出在全国范围内成功宣传了极具东北特色的大山里的小南河，小南河也一跃成为了"明星"村。2017年春，"黑金部落影视基地""知青影视基地"都在小南河建立，为小南河村乡村旅游的发展打下了非常好的基础。

小南河的旅游事业如火如荼地发展着，如今它被国家旅游局列为全国乡村旅游重点村，5年间共接待游客4万余人，营业收入400余万元，有力地促进了小南河的发展。

三、致富的辣椒酱厂

2015年，小南河开启了旅游之路，一路上风风火火，打造了特色的关东风情，越来越多的游客开始知道小南河，来到小南河。如果说是乡村旅游帮助小南河人脱贫，那随之而来的"小南河"牌辣椒酱则切实在帮助他们致富。辣椒酱厂从无到有逐渐标准化，4年间小南河动起来了也富起来了。2018年，小南河村实现全部人口脱贫，成为脱贫示范村。但是，没有任何一条成功之路是一帆风顺的，光亮的背后是小南河人一路的摸爬滚打，他们越挫越勇，取得了如今的辉煌，这是冷菊贞和小南河人一起探索、一起奋斗出来的脱贫致富路。

（一）寻找致富产业

2016年夏天，小南河的旅游进入了淡季，游客来得很少，原本红红火火的十几家农家乐也有几家因缺乏创新、相互竞争等原因相继倒闭，好不容易凝聚起来的人心又即将散去。冷菊贞意识到旅游终究不是小南河发展的长久之计，小南河要想持续发展下去，必须靠产业来支撑，只有产业发展起来，才能作为旅游坚强的后盾。

然而小南河适合发展什么产业呢？冷菊贞不知道，村民们也不知道。他们只能去摸索，冷菊贞采取了广撒网模式，他们在村子里建了一个小作坊，然后将杂粮、杂豆、酱菜、小豆腐等他们能想到的农产品都包装起来去卖。但是，他们发现这些农产品销售很难，首先没有一个好的销售渠道，其次与其他同类产品相比缺乏竞争力。2017年1月7日，冷菊贞参加了黑龙江省年货大节。当时的小南河村没有什么叫得上号拿得出手的特产，索性就把小豆腐、大肠子、苞米面子、黄豆、辣椒酱、笨猪肉等能想到的都装到了车里，几吨的货物跟着冷菊贞来到了哈尔滨的年货大集上。

年货大集之后，冷菊贞发现回购最多的竟然是辣椒酱。确实，东北地区冬季寒冷，这时候蔬菜比较少，家家户户都会提前制作辣椒酱来过冬，辣椒酱是东北人必备的饭桌调味剂。这让冷菊贞看到了希望，她决定打造小南河的品牌辣椒酱。要做出自己的品牌，就要做出自己的特色，冷菊贞开始带领村里的妇女研究辣椒酱的口味。她每天会让马莉买一大袋子辣椒，买回来之后发给妇女们让她们回家做辣椒酱，然后端出来互相品尝，挑味道好且保质期长的辣椒酱，最终确定了生酱、小鸡炖蘑菇、鱼干、鹿茸等6种口味的辣椒酱。如果要做成产业，之前的小作坊肯定不行，所以冷菊贞开始考虑筹备辣椒酱厂的事情。

（二）辣椒酱厂之起步

2017年年初，一家企业想和小南河村合作建辣椒酱厂，设备双方各投入一部分钱,小南河只需要将配方、原材料准备好,生产、销售由这家企业负责。冷菊贞觉得可行,小南河人可以提供原材料和劳动力来挣钱,最后还能根据盈利分红,这确实是一桩稳赚不赔的买卖。因此她便开始动员村民们入股辣椒酱厂,号召大家种辣椒,在本村解决辣椒酱的原材料问题,进一步增加村民的收入。

一切都看着如此的顺利与理想,但事情远远没有这么简单。到了辣椒成熟的季节,冷菊贞以高于市场0.5元的价格(1.5元/斤)的收购村民的辣椒。当时,一家辣椒种植基地的好品质辣椒(形状长直)以0.7元/斤的价格出口韩国,剩下的质量很

图4-3 辣椒酱厂的辣椒

好只是形状弯的辣椒不好处理。冷菊贞计划以 0.5 元 / 斤的价格购买这些弯辣椒制酱，降低成本。但是村民们心里打着自己的小算盘。村里一位老太太知道了冷菊贞有收购这家种植基地的辣椒的打算，害怕这样她就不收自己家的辣椒了，她跑去跟辣椒基地的老板说："冷菊贞在我们村收辣椒都是 1.5 元 / 斤的价格，才给你 0.5 元 / 斤，你可不能卖给她。"辣椒种植基地老板因此最终也没有卖给小南河辣椒酱厂辣椒。

辣椒配方做好了，辣椒也准备好了，就等着厂子、设备的建设，但是左等右等也等不来这家企业的一点音讯。囤积的辣椒开始烂，冷菊贞不得不带着妇女们连夜熬辣椒酱。村民们入股计划建厂的资金共 10 万块钱，大概 7 万块钱用在了辣椒收购上，剩下的 3 万块钱也不足以建起厂子。他们只能建一个临时的厂房，买了一个燃气半自动的大炒锅。冷书记亲自上阵熬辣椒酱——熬的是辣椒酱，熏的是眼睛，伤的是心。当初他们是在熟人担保下定的口头协议，企业就这么一声不响地溜走了，她只能吃这个哑巴亏。她急得一夜之间白头发多了很多，不知道自己偷偷哭过多少次。

冷菊贞说："经过这个事之后我没有退路了，尤其是做到现在，更没有退路了。我现在承载的是所有老百姓的希望，如果这个辣椒酱厂败了就真的败了。"他们没有放弃，反而变得更加坚强。他们积极地去寻求帮助，获得了很多机构的帮助。县医院提供免费消毒间，市检测中心提供免费检测服务。提供辣椒酱包装的公司老板是一位共产党员，他说："我不挣你们小南河的钱。"冷菊贞深受感动，说："党员变成了一种信义，说明这个时代回来了。"在多家单位和组织的帮助下，小南河人撑过来了，迎来了辣椒酱厂的蓬勃发展。

(三) 辣椒酱厂之发展

虽然2017年的辣椒酱厂烂了一半的辣椒,但在各部门的帮助下也卖了10万元的辣椒酱。这一年没有净利润,这一年很颠簸,这一年也很难,但是这一年辣椒酱厂起步了,冷菊贞和旅游协会的人成长了,也为辣椒酱厂的发展奠定了基础。2019年县组织部给小南河投入30万元的设备,西河子村也以50万元入股,816平方米厂房正在建设,500升燃气炒锅、料缸和储备料箱、灌装机、打码机、封口机、消毒等设备也在采购,辣椒酱厂正在朝着规范化、标准化方向发展。

然而,在冷菊贞的心里,这还远远不够。她认为小南河辣椒酱生产应该是持续的产业链生产模式,辣椒可以从本村收,与农户签订收购订单,凡本村村民在小园里种出来的辣椒,按市场价全收,整个收购、摘洗、运输、加工等过程全部用本村的村民,优先雇用本村的贫困户。在2018年,冷菊贞就是按照这种方式年收购辣椒近10万斤,带动村民户均直接增收1500余元。

如果要保证辣椒酱厂原材料的不间断供应,那么此时最需要的是温室大棚。这样在反季节的时候依然有辣椒供应辣椒酱厂,保证持续生产。2017年,在冷菊贞的争取下,扶贫办先后两期在小南河村共投资590万元,建立了42座温室大棚,并与省农科院争取到优质辣椒种植,积极引进十几个品种的辣椒。

每到辣椒丰收季节,这也是辣椒厂大量收购辣椒的时候,如果没有合适的储存环境,新鲜的辣椒很容易变质腐烂,为了配合辣椒酱厂的发展,在政府的帮助下小南河在辣椒酱厂旁边建立了冷库。大棚种的赤松茸、辣椒等原材料直接供应辣椒酱厂，如有多余则会在冷库中保存，现在一个合理有序的生产线正在试运营中。辣椒酱厂从 2017 年到现在已经创收 60 余万元，这给偏僻寂静的小山村带来了发展的希望。

四、平凡的人，不平凡的小南河

小南河的成功不是一个人就能造就的，冷菊贞背后有一群平凡而又可爱的人在不断地支持她、鼓励她。冷菊贞始终按照总书记说的"贫困群众既是脱贫攻坚的对象，更是脱贫致富的主体"的要求去激发小南河人的内在动力，通过发展东北民俗旅游和辣椒酱，她和驻村工作队带领小南河人拧成了一股绳，以他们自己的集体力量将小南河从贫困的泥沼中拉了出来。这是一群平凡的人，平凡到出了小南河就没有几个人认识，但他们却是最不平凡的，在小南河发展历史上，他们注定不平凡，注定是那特别的人。他们有自己的名字，有自己的标签，他们或许是村支书，又或许只是普通的村民，但他们都有一个共同的名字：小南河人。

（一）团结奉献的"领头雁"

小南河的领导班子是一步步培养起来的，是全乡最团结的，他们身上有着很强的责任意识和奉献精神，他们带领着小南河走出了贫困走向了成功。

1. 董连营：为了小南河，做什么都值得

"要不就别当，既然当上了村支书，就要尽自己最大的能力。"——董连营，小南河村支书

当别人问董连营，"当村支书每天这么累图什么"，他总是这样回答。2016年以前，董连营只是村内一个管红白喜事的人，生活过得安稳自在。当他看到冷书记要在小南河发展旅游时，他觉得很可笑，认为她只不过是下来走过场，并也时不时说风凉话："谁来看你这破村啊，这都白忙活。"但是看着村里的人都在跟着冷书记忙活，自己心里也有点痒痒。在老村长的推荐下，他担任了旅游协会的餐饮部部长，一上任就解决了全村挂灯笼的问题，用事实证明了自己的能力。

2016年，小南河"五一三天乐"活动坚定了董连营发展旅游的信心。三天时间，小南河接待了1000多名游客，董连营真正意识到小南河发展旅游是一条正确的道路，他对冷菊贞说："大姐，往后有什么事，你兄弟不会给你拆台的，你在这干几天我就支持你几天。"

为了小南河的发展，董连营不仅做好做实了党支部书记的工作，还几次拿出自家土地助推村产业发展。2017年春天，《黑金部落》制片人准备在小南河搭建影视基地，需要一片地。董连营意识到一旦影片播出，那对小南河的宣传将起到重要的作用，他丝毫没有犹豫地将自家土地拿出来，他说："这事要是整成了，小南河一定跟着沾光，这地给钱出，不给钱我也要出。"黑金部落顺利建成，也成为游客们打卡胜地。辣椒酱厂建厂时，他拿出了自家的5亩地；建冷库的时候，村里没人愿意出土地，他再一次毫不犹豫地将自家100多平方米的宅基地拿了出来，并承诺5年之内免费使用。他一次又一次地将自家土地拿出来，是为了让小南河更好地发展，更好地往前走，"只要对小南河有利，咱就去做"。

图 4-4 工作中的村干部

董连营是一心只为小南河发展的村支书，白天忙村里的各项事务，晚上研究未来的小南河如何发展，自家的活都没时间干，真正地做到了舍小家为大家。因为他是一个小南河人，是小南河的村支书，更是一名中国共产党员，他要带领大家走向小康。

2. 孙桂岭：三顾茅庐再度出山

"小南河以后那肯定是会越来越好的。"——孙桂岭，小南河村委会主任

当问及未来的小南河会是什么样子的，孙桂岭总是这样回答。这是一种美好的希冀，也是一个正在逐渐实现的事实。孙桂岭曾

经担任过一届小南河村委会主任，在村子里辈分高、声望大，但由于身体和家庭原因，那一届期满后他便辞去了这一职务。当小南河旅游协会急需一名领头的会长时，老村委会主任王文山推荐了他，并说"只有他能做得了这个会长"，但孙桂岭以身体状况不佳为由谢绝了冷书记的邀请。冷书记三天两头就去他家做思想工作，旅游协会开会地点也定在了他家，最终孙桂岭抱着为村子继续服务的态度，再度出山担任小南河旅游协会会长。

2018年1月，孙桂岭顺利当选小南河村委会主任，成为村支书董连营的好搭档。村子里的大事、解决不了的难事，董连营都会来找他协商。有一次周县长让把小南河路边进行清理一下，孙桂岭允诺一周完成任务。一周以后，路边的废弃厂房、破旧的帐子都消失了，并且道路两边的绿化也完成得非常好。这其中董连营负责主要跟进，但是涉及到一些不愿意配合的村民，孙桂岭会亲自出面进行劝说，碍于面子，村民们最后也都会同意。孙桂岭虽然年长、经验丰富，但他从不与董连营争权力、斗心眼，处处支持他的工作，他对董连营说："在不违背原则的情况下，你就放手去干，我不在家的时候你该签签，等一旦出事了，咱们一块儿担。"

孙桂岭是村里的领头人，为了小南河的发展他再次站了出来。他热爱着这个集体，不断培养年轻人，给年轻人发展的机会，小南河的未来也正在年轻人手里变得越来越好。

3. 马莉等妇女：女人能顶半边天

"我干的所有的这些不能只是考虑工资，我考虑的是真正能够为村子带来一些变化。"——马莉，小南河村妇女主席她做到了，她是一名大学生，之前在北京工作，由于家庭原因放弃了高薪工作，回到老家小南河村，拿着一年3000元的工资。她就是小南河村现任妇女主席、旅游协会销售部长马莉。

马莉是冷菊贞来到小南河收获的第一个粉丝，也是最坚定的粉丝。冷书记来的第一天，她就说："姐，有什么事，我随叫随到。"那时作为一名预备党员，她确实做到了。在大家都还没接受冷书记的时候，她每天已经跟着冷书记开干旅游，搞农家乐了。她曾经在三天内帮助村民卖出了20000元的山野菜、蜂蜜，凭借此战绩成功担任了旅游协会的销售部长，现在村子里如果有谁家的笨鸡蛋什么的卖不出去了，找马莉准行。

村民思想工作不好做，她就想尽办法去做，她说："我还是挺佩服我自己的，我是一个挺任性的人，有韧劲儿，肯干，能吃苦。老百姓不接受的事情，做一遍工作不行就做两遍，一直做，我拿出自己的本事用心劝。"在马莉的动员下，慢慢有一些妇女加入旅游服务队伍中，开农家乐、参加小剧团和秧歌队。马莉热心肠、文化水平又高，很快成为了村里妇女们的好朋友，在2018年村委换届时成功当选妇女主席。

在马莉的动员下，小南河的妇女满怀热情支持着村里的各项活动。因为她们终于有了自己的娱乐活动，包饺子、扭秧歌、演剧团。没有人强迫她们，大家伙在一起玩得很开心、很充实。小南河旅游慢慢发展起来，妇女们也有机会赚钱了。这群妇女和冷书记打成了一片：刘琳丽下雨天怕冷书记冻着，半夜爬起来去给她送被子；大年初二是冷菊贞的生日，30多个人在自家炒好菜端到福屋给她过生日。大家变得积极了，小南河变得热闹了。在妇女们的感染下，越来越多的男人也开始认可冷书记和村委会的工作，他们也开始干活了，整个小南河村动起来了，忙起来了。妇女这个之前被忽略的群体，找到了自己的价值与方向，并不断地推动着小南河的发展。

（二）感恩勤劳的"实干家"

1. 杨俊华：半个炕上的女人

"这精准扶贫政策啊，是现在才有，要是能早十年啊，我也不只能脱贫，还能致富。"——杨俊华，小南河贫困户

这是一个致富小能手，每天在变着法地想着赚钱，小南河曾经有不少穷而懒的人，但杨俊华从来不是，她穷但却在不停地去挣扎去奋斗着。作为小南河的外来户，当年也没有太大的经济能力去支撑她开田，只能靠着自己的双手和家门前八分大的园子来维持生计。

冬天的时候，杨俊华在自己家的炕上种葱苗，到过年的时候1元一把，能赚100多元。葱苗卖完以后，她又种高粱，做笤帚、刷子、盖帘，做完拿到县城去卖，笤帚5元一把，刷子1元一把。当村里的辣椒厂开办的时候，她在自家园子里种辣椒，1.5元一斤，她还做辣椒面，到县城去卖15元一斤。春天的时候，她种黏玉米。她跟别人不一样，她总是能另辟蹊径，春天前在屋里头秧玉米，用塑料盒一个盒子一棵，等玉米长得够高了，再往园子里挪。这样，她的玉米熟得早，掰了玉米棒子去县城卖1元一个。杨俊华还养土鸡、土鹅，卖土鸡蛋、土鹅蛋。发改局送来的扶贫鸡苗和鹅苗，她非常细心地养着，到如今已经有40多只鸡和20多只鹅，而它们吃的玉米都是杨俊华从地里捡回来的。

杨俊华在不断尝试新的赚钱方式，靠着自己的园子和双手去养活自己，2012 年因为家庭贫困评上了低保户。她家曾经因为没有钱拉电线"摸黑"了 6 年，现在住进了政府盖的新房子，有电又暖和。住进去的那天，她高兴得睡不着觉，大唱"共产党好，没有共产党就没有新中国"。有一次记者采访她的时候，她对着镜头不自觉地开始唱"共产党好"。现在村子里搞旅游事业，搞秧歌队，哪里需要她就去哪里。她说，她感恩党、感恩社会给了她这一切，所以她要尽自己所能为这个村子献上自己的一点力。

2. 毛志江：从小混混到牧羊人

"报告大姐：我发现有俩截不住人的院栅子，可以烧两天了。"——毛志江，小南河村民

不知道什么时候起，村里这个有脾气、爱喝酒、一身坏毛病的小混混成了冷书记的忠实小弟，巡逻打杂忙村里的事务忙得不亦乐乎，他就是毛志江。

以前的毛志江在村里是数一数二的小无赖，每天不是喝酒就是打麻将，时不时地在村里游荡找事。随着村里红红火火的旅游事业的开展，看着别人都有事可干，有钱可赚，他开始思考自己能干些什么。

2018 年，毛志江买了 40 只羊，2019 年，他又买了 20 只羊，成为村里名副其实的养羊大户。他一改往常喝大酒睡懒觉的习惯，每天早上 5 点多起床，7 点便赶着羊群出门，直到天黑才回来。现在他已经打造出了小南河品牌的羊奶，收获了不少回头客，也让更多人知道了小南河。

毛志江是村民眼中调皮捣蛋、只知道喝酒的小混混，但现在

却成了早出晚归的牧羊人。他说："我一定能养到底。"他是聪明的人，也是一个参与和见证小南河美好明天的人。

这样的人还有很多很多。韩守信人如其名，守信而又懂得感恩，因为家里就剩他一个，生病住院不想给党添麻烦，竟偷偷买了耗子药准备一走了之，还好被冷书记他们发现及时制止。康进香是小南河的一名普通村民，她说："这真是感谢共产党，真是赶上好社会了！"她知足而又感恩，只要自己能干就坚决不会麻烦政府。刘琳丽带领大家编排小剧团，村里的活动一个也没落下，积极配合着村里各项事业的发展。巩在瑞，养土猪，是兢兢业业的小南河养猪大户。焦淑兰做的小南河特色小豆腐深受游客喜爱……他们虽然文化程度不高，但是有信心，有决心，有毅力，他们是一群可爱并且包容性很强的人。正是在这一群人共同的努力下，小南河才取得了今日的成绩，这些平凡的人造就了小南河的不平凡。

五、简单幸福的明天

如今的小南河已经成为黑龙江乡村旅游示范点，被国家旅游局列为全国乡村旅游重点村，5年间累计接待游客4万余人，营业收入400万元，2018年小南河实现贫困人口全部脱贫，贫困发生率由2012年的100%降至0%。今日的小南河已经取得了辉煌的成绩，它是脱贫攻坚的明星村、乡村振兴的样板村，那明天的小南河应该是什么样子的呢？

小南河的明天需要承载太多昨天的记忆，去唤醒那遗失已久的归属。明天的它是原汁原味保留传统东北民俗的古村落，是一部活历史，是一台时光机，带人回归那个最淳朴的年代；明天的它是依托产业发展的经济小村，有独具特色的南河辣椒酱、黑蜂蜜以及特色的关东美食；明天的它是基础设施不断完善的现代化村庄，人们再也不用穿靴子出门，再也不用担心粮食收不回来，再也不用羡慕其他村子拥有完善的基础设施。明天的小南河是原汁原味的，是产业化与现代化相结合的村庄，是真正未来可期的村庄。

（一）原汁原味的东北古村落

小南河只有打造成一张原汁原味的东北古村落名片，才有可能真正地成为乡村旅游的亮点。小南河至今仍保存着具有关东特征的木刻楞老房子、老豆腐坊、牛马车、爬犁以及其他老式农

图 4-5　原汁原味的小南河村

用机械，而这恰恰也给小南河的发展带来了机遇。将村里的老房子和老物件翻修改进，相继开发"小南河开耕节""中秋南河情""五一三天乐""端午一日游""七七乞巧节""东北婚礼""小剧团样板戏"等一系列具有小南河独特关东风情的旅游项目，一下子将人拉入到了真正的东北人生活，切实体验到当地的民俗风情。

此外红色抗联文化也是小南河的历史特色。在抗日战争时期，小南河的先辈们勇抗敌人，村内保留了大量的抗联遗址和抗联故事。打造红色文化，探究小南河历史，弘扬先辈精神，恢复抗联遗址和警察署炮楼，也是小南河旅游发展的重点工作之一。

（二）持续收益的村级产业

一个村子的长足发展光靠旅游是不行的，小南河也是如此。小南河大部分是一次性旅游，回头客很少，因此当旅游旺季后，其发展便遇到了瓶颈，这时便不得不寻找长足的发展，靠产业来支撑本村的经济。小南河的辣椒酱厂已经初具规模，在未来也会不断朝着专业化和规模化发展，冷库也即将投入建设，为小南河辣椒酱厂的长足发展铺好了路。

除了辣椒酱厂，小南河还要打造多种产业。第一是休闲农业项目，重点引导发展花卉种植产业、辣椒种植产业、经济林果产业以及黑蜂养殖产业。第二是东北特色美食服务，土鸡、土鸭、土猪肉、土鸡蛋、土鸭蛋，生态蔬菜，加上原生态烹饪，未来的小南河将以关东风情为基调，以"六大盆"为特色，引入熏肉大饼、烤冷面、黏豆包等特色关东小吃，打造舌尖上的小南河。第三是发展影视旅游和服务产业，依托现有两个影视基地和即将播出的两部影视作品，抓住当地特色，发展影视旅游和服务。

（三）不断改善的基础设施

"要想富先修路"，小南河的路修好了，打开了对外连接的通道。未来的小南河，农田道涵洞将逐渐完善与修整，道路不再是制约其农业发展的阻碍。除此之外，保留东北民俗的原汁原味又干净整洁的居住环境改造工作也将持续展开，打造高质量的民俗旅游项目。

对于小南河的明天，冷菊贞在工作日志中这样写道："这里真的很穷，它是穷成了一道风景。这里还保留着这么多可以居住的木刻楞老屋，不只是穷出了风景，还穷出了历史，将来还会穷成产业。我们能做的，就是让这种已成世外的风景变成财富。我们在走一条至少在我们这里是全新的乡村脱贫之路，没有现成的模式，没有现成的专家，在思想和路途中都是举步维艰，在走过的未知面前，每一次驻足和回首，都没有再走一遍的勇气。往前走，已经变成了唯一的出路。明天是什么样子我们无法预知，但只要努力，明天一定是美好的。"

小南河之所以取得脱贫攻坚的胜利，离不开小南河村每一个人的付出与努力，在脱贫攻坚路上，冷菊贞和小南河每一位村民都是追梦人，而小南河的明天也将在这一群可爱又优秀的追梦人的努力下变得越来越好！

（本案例执笔人：王惠　董俊芳）

案例点评

《小南河：脱贫攻坚路上的追梦人》整篇文章通过叙事、讲故事的形式分五部分把小南河村脱贫致富的故事娓娓道来，首先，以时间顺序从传统、寂静的小山村讲起，讲到近期时，便发现小南河已经与快速发展的市场经济格格不入了，小南河的发展遇到了多重困境。接着，爱摄影的第一书记的新理念、新尝试——乡村旅游，带动小南河村实现了脱贫致富，而且还带动小南河村发展了村集体经济。尽管在发展乡村旅游和筹建村集体经济辣椒酱厂的过程中都遇到了些许困境，但在一群团结奉献的村干部带领着感恩勤劳的村民们的不断努力下，化解了一个接一个的困境。在小南河人的不断逐梦、努力奋进下，小南河村的明天是美好、简单、幸福的。

总体来说，本篇村报告通过对小南河村的实证调研，对其脱贫攻坚进行经验总结，对具体的做法、过程、困境及解决方案进行剖析，生动展现了小南河村从封闭到开放、从贫穷到富裕的历程。文章整体故事层次感较强，具有可读性和可信性，逻辑层次分明、清晰，文字优美、生动，具有一定的典型性和实践意义，是我国脱贫攻坚历程中的村级层次的具体实践和地方智慧，可以为后期乡村振兴战略的实施提供必要的借鉴。

（点评人：刘燕丽，中国农业大学人文与发展学院发展研究与社会政策系副教授）

第五章

同乐村：

同心共筑扶贫路

一、回望同乐村史：风雨交加

同乐村地处黑龙江省齐齐哈尔市泰来县泰来镇西南，东侧靠近平齐铁路，距离县城15千米。村庄下辖8个自然屯，幅员面积18.3平方千米，户籍人口732户2593人，其中常住人口1926人。同乐村远离县城，土地是本村最大的资源。全村耕地总面积1.83万亩，因属平原（含沙化）地带，除0.15万亩沙荒地外，其余1.68万亩的农作物以玉米为主、杂豆为辅，被称作泰来县的"黄金玉米带"。同乐村虽是平原，但土壤多为碳酸盐草甸土、风沙土，土地贫瘠；加之属于寒温带大陆性季风气候，年降水量低，是十年九旱之地。恶劣的自然条件下，农田基础设施缺乏无疑是雪上加霜，玉米亩产量并不高。同时，单一的产业结构缩减了村民经济来源的渠道，2014年村民人均年收入仅为9163元，全村贫困户98户、贫困人口189人，贫困发生率达9.8%。村庄经济发展不景气，日子一眼望不到边。

"风天尘土飞扬，雨天泥泞不堪"是过去同乐村的真实写照。2014年以前，同乐村只有一条水泥硬化路面。村民耿艳全说："过

图 5-1　沙荒地改造前

去我们地里打的粮、小园种的蔬菜送不出去，外边的顾客也不愿意来。我家两个孩子在同乐小学上学，学校操场是风天尘土飞扬，雨天是一片汪洋，孩子连课间操都做不了。"同乐村由于历史原因负债累累，村集体经济收入每年还不到10万元。贫困的村庄无力进行道路和基础设施建设，没有规范的村民活动室和集中活动场所，更没有设立统一的村级卫生室和自来水净化设施，村内候车站点、垃圾处理站、村屯道路排水设施、路灯等公共设施都处于"零"状态。在这样的生存环境下，有能力的青壮年都走出去打工了，而留在村里的大多数人还继续着"日出而作，日落而归"的生活，延续着靠天吃饭、冬闲半年的思想观念，同乐村的贫困状况始终难以改变。

二、贫困的日子初现起色

（一）富学书记学富记

王富学是同乐村现任党支部书记，1965年出生于同乐村梁教员屯的一个普通农民家庭，从小学到中学、从务农到务工，他亲眼目睹了同乐村贫困和艰难的过去：低矮残破的土房穿风漏雨，坑洼不平的土路人畜难行，辛勤劳作的身影挥汗如雨，十年九旱的大田食仅果腹，渴望致富的眼神扑朔迷茫……这些场景令他刻骨铭心、耿耿于怀，也使他暗下决心一定要想办法改变村子的面貌，让同乐村的老百姓过上好日子。

1997年，同乐村原党支书卸任后，村里三十多个党员推荐王富学做支部书记。当时，王富学正在承包经营着泰来镇的砖厂，而且他也不是党员。在镇政府一番思想工作下，他担任了同乐村村委会主任并加入党组织成为一名党员。1999年，王富学预备党员转正后被选为村党支部书记，兼任村委会主任，一干就是十几年。他带着村两委干部，省吃俭用，动员闲余老百姓外出打工，为村子带来了一定收益。在他的带领下，村种植业进行了有效结构调整，努力发挥土地最大效益，通过改良玉米品种增加土地单产，在2007年发动320名村民，成立了泰来县富学玉米种植合作社，耕地面积2400亩，由家庭承包、零散种植变为规模化机械化种植。2015年，同乐村的大部分债务问题已经基本解决，为扶贫工作的开展打下了基础。

2015年年底，同乐村正式启动第一轮精准扶贫工作。作为精准扶贫工作的第一步，精准识别主要通过村民小组会议、村民代表会议进行投票和表决评议。这次识别标准线是人均年收入3416元，并且要综合考虑"两不愁三保障"工作，但是贫困识别和鉴定遇到了很多困难，包括农户家的债务和存款难以确定、有的农户家有存款却因为土房不及安全住房标准被鉴定为贫困户、有的农户家有砖房不符合扶贫标准但却欠着高额盖房债务等各种情况。王富学坦言，因为邻里乡亲熟悉，拉不下来脸去硬性要求，所以第一轮的识别不够精准，精准扶贫政策没有真正落实到位。

（二）"天上掉下个"第一书记

2017年，黑龙江省精准扶贫工作进入"回头看"阶段。2017年5月中旬，定点帮扶同乐村的黑龙江省国资委党委决定选派欧阳德宪担任驻村扶贫的第一书记。当省国资委领导征求他意见时，欧阳德宪内心比较矛盾：他两年前从部队转业回到哈尔滨，与爱人刚刚结束了多年的两地分居生活。当时，他的爱人身体不好需要照顾，孩子也刚进入高中阶段需要更多陪伴和鼓励，家庭非常需要他。但他略加思考后还是十分坚定地接受了组织安排。回到家后，他歉疚地向妻子说明情况，妻子既委屈又不理解。他对爱人深情地讲："我在部队服役24年，三次荣立军功，为了国防事业从来都是勇往直前，现在组织和贫困群众很需要我，我不能当'逃兵'啊！"经过耐心沟通，他得到了家人的支持和理解。为了减轻爱人的压力，他给孩子办了住校手续，然后就毅然奔赴了扶贫第一线——同乐村。

同乐村这边，王富学已经得知省国资委的欧阳处长将赴本村开展精准扶贫工作。事后王富学也坦言，当时他感到不信任，一是因为之前同乐村来过一位驻村第一书记，可是没为本村发展带来多少帮助；二是他认为省里派来的是正处级领导，又当兵多年与农村接触不多，感觉"不顶事"。因此，王富学抱着"他们就是来镀金的，走走过场而已"的心态，并没有对即将到来的欧阳德宪一行寄予太多希望。

三、迎难而上扶贫路

（一）驻村工作初期之困

1. 初入同乐事事不易

2017年6月2日，欧阳德宪带着驻村工作队一行三人风尘仆仆来到了同乐村。开完见面会后，欧阳德宪就主动找到村支书王富学聊了起来，这一聊就是两天两夜。他们讨论的事情很广泛，包括泰来县县情、同乐村的基本情况和基本需求、贫困户致贫原因、亟待解决的问题等等。在这两天的交流中，王富学在真切感受到第一书记满腔热忱的同时，也坦诚地和他讨论了当前驻村干部存在不了解农村农民、不熟悉精准扶贫政策、不愿触碰基层矛盾等问题，并建议"一周之内就先不要入户走访了，还是先把扶贫政策和村民的基本情况熟悉后再说"。欧阳德宪欣然应允，和两个队员一起在村委会的临时办公室里，认认真真地学习各级扶贫政策文件。

刚驻村时，工作队一共三人在村委会一个房间睡一个大通铺。一段时间后，欧阳德宪发现在村委会居住带来两个方面的工作不便：一是村委会白天晚上都是人来人往，他们很难静下心来开展工作；二是村两委始终有人在办公室，一些老百姓想找驻村干部反映问题也不敢来。于是，欧阳德宪决定搬家，后来搬到了同乐村委会以前的办公地点——老村部小院。老村部的房子多年没住人，年久失修，漏风漏气不保暖。冬天的晚上，他们把窗户里外用棉被支上，睡觉盖两层棉被、戴着棉帽。驻村的第一个冬天着实让他们"寒"了一把，第二年春天县里拨款把老村部房子进行了维修，条件才有所改善。

刚到村里的那几个月，欧阳德宪和他的家人都努力克服相思之苦。2017年11月，欧阳德宪的孩子高烧40摄氏度，被学校紧急送往医院，他爱人在照顾孩子时，也因着急上火导致牙部感染住院。当时，正赶上省际交叉互检，他尽管心急如焚，却无暇回家照顾妻儿，将思念和牵挂的苦水默默咽进肚子里，仍然坚持驻村。

村支书王富学通过一段时间考察后，发现三名驻村干部真的"住"了下来，确实把村当"家"了，而且政策学习得也比较透彻，经常加班到深夜。一番思量后，王富学决定带着驻村干部开始入户走访，并将自己宽敞明亮的办公室腾出来给驻村工作队使用。王富学后来笑谈，当初自己将办公室给他们使用是一种考验："如果他们的工作做得让咱不服气，我就把办公室收回来，给他们调整到和村会计一个屋去办公。"

2. 初见村民时时用心

通过村两委初步认可后，王富学开始带领欧阳德宪一行展开入户调研，同乐村的老百姓知道村里来了一个第一书记，却一直辨别不清这位书记到底姓啥，很多老百姓误以为他姓"欧"。为了让老百姓能真正记住他姓欧阳而不是姓欧，王富学跟老百姓说："你知不知道过去《射雕英雄传》武打片里有个叫欧阳锋的，咱们第一书记和那个欧阳锋是一个姓。"

刚驻村那段时间,欧阳德宪经常在早上带着自制的扶贫政策"口袋书"到田间地头背诵扶贫政策。有一天早晨他到村部旁边的玉米地时,看见李越屯村民王富田正在田地中间用机器抽水灌溉玉米地,地头上水流不断从倒地的水龙头中流出,于是欧阳德宪赶忙过去给扶正,接着就帮他一起浇了半天地。王富田看欧阳德宪穿着一身半新不旧的迷彩服,脚上穿的胶鞋也沾满了泥巴,好奇地问他是哪个村的村民,之前怎么没见过。当知晓他是第一书记后,王富田说:"最近听说省里来了位正处级的驻村第一书记,我们寻思得多高大上呢,原来跟我们都一样啊。"然后他就打开话匣子对欧阳德宪说:"书记你看这个机器抽水既费钱又动力不

图 5-2　在田间地头"唠嗑"

足,一到用水的时间,老百姓都得排号使用,要是能安上电、打上井,变成机改电就好了!我家的日子还算过得去,你们帮助贫困群众我也没啥说的,就是你看看能不能帮我们改善一下这农田基本设施,要不然这一年累够呛,也挣不了几个钱啊!"

这次交流给了欧阳德宪很大启发:一方面,欧阳德宪发现想要走进人民群众,需要脱下正装穿上便装,要卷上裤腿,"手上沾上多少泥巴,脸上有多少汗水,心中才有多少情怀和真情",百姓才能和干部们"唠实嗑";另一方面,他了解到不止一家存在农用水的问题。通过后续走访多家,他认识到改善农田基础设施是农村经济发展的基础、是农村经济赖以发展的"先行资本",是老百姓最迫切、最需要解决的问题。欧阳德宪一行人通过这样"实地亲民"的方式,陆续了解到老百姓的一些真实想法,为接下来精准扶贫工作的开展鉴定了基础。

刚驻村的第一个月,正好赶上精准识别"回头看"工作。工作中,村两委充分发挥驻村扶贫工作队不受远近亲疏影响优势,敢于坚持原则,严格把关,牢牢地把住了第一道"关口",真正使符合条件的全部纳入、不符合条件的坚决退出,老百姓也都很认账服气。欧阳德宪和两名队员一边帮助村两委开展精准识别,一边和队员走屯入户进院落、看灶台、算好收支两本账,进农田、到地头展开全方位的入户调研。通过一段时间走访,虽然掌握了大量详实的第一手资料,但是欧阳德宪没有盲目撰写扶贫规划和方案,而是和村两委干部、广大村民进一步沟通,为接下来更加精准、更有针对性的扶贫工作打好基础。驻村工作队利用半个月时间采取多种方式和方法了解民情民意,掌握了村上和村民致贫原因,基本找到了精准帮扶的办法,于 2017 年 6 月 20 日撰写出了《同乐村精准扶贫精准脱贫三年帮扶规划》，该规划得到了村两委的高度认可，并在村民代表大会做了报告、表决通过。

2017年6月的精准识别工作中，同乐村共识别建档立卡贫困户89户165人。在村委会划分贫困户帮扶责任人时，欧阳德宪主动提出负责帮扶村里最困难的贫困户，主要是那些思想僵化户、老弱病残户，比如他结对帮扶的贫困户尹长生老哥俩，打了一辈子光棍，两兄弟一直相依为命：尹长生71岁，患有冠心病且肢体四级残疾，走路异常艰难，尹长富65岁，患糖尿病综合症，眼睛基本失明。用王富学的话讲："老尹头过去的日子简直就不是人过的日子，屋里都进不去人。自从欧阳书记他们来了后，他家可是大变样，人也有精神头了。"驻村工作队针对这样的家庭，落实"因户施策、因人帮忙"的帮扶理念，帮助他们维修了房屋、更换了橱柜衣柜、购置了换洗衣服、申办了特困供养。两人生病住院时，工作队采取"一条龙"式服务保障，从送医院到办理住院、出院，再到办理报销手续提供全套帮助。现在兄弟二人逢人就讲"工作队好、共产党好"。就这样，驻村工作队不仅赢得了老百姓的认可和信任，也让王富学对"城里来的领导"有了新的认识，感受到了驻村工作队"真帮、真扶"的工作态度。

（二）扶贫工作中期之难

在全省脱贫攻坚"回头看"工作期间，由于当时工作任务复杂繁重，村两委和驻村工作队三两天就要聚在一起开会。会议中经常出现意见相左的"碰撞"时刻，但是本着"为民服务、为村发展"的宗旨，两个班子在争论中努力寻找"最大公约数"，在渐渐融合中为同乐村画出"最大同心圆"。

1. 第一次"碰撞"：精准识别

村两委和驻村工作队一内一外两个班子最激烈的一次"碰撞"，是因为一个贫困户申请低保户而发生的，那次争论经历让他们现在依然印象深刻。这件事情得从欧阳德宪包的贫困户说起。欧阳德宪帮扶的一个贫困户叫杨永秀，他是因病（癫痫病）致贫，当时把他识别为建档立卡贫困户时，依靠扶贫政策兜底基本上已经脱贫，可是后来他爱人又得了脑血栓和布鲁菌病，家里开支骤增，他便找到欧阳德宪想申请低保户。欧阳德宪全面了解他家情况之后，与支部书记王富学商量为杨永秀申请低保户。王富学当即回道："我们都一个村的，我都了解情况。我认为他不太够条件，再研究吧。"后来，上报的低保户名单中没有杨永秀一家，欧阳德宪得知后再次去询问王富学具体原因。王富学认为，杨永秀一家个人年纯收入是 4134 元，在当时评低保条件 3778 元的基准线之上；欧阳德宪则认为，此贫困户家的收入虽然略高于评低保基准线，但是因为算账时他爱人还没有得病，自从他爱人得病后家里开销大，经济状况大不如从前，两个老人仅依靠土地流转很难保障生活。欧阳德宪建议王富学说："把县民政局人员请来，让他们实际调研一下，看看到底够不够标准。"王富学当时就"火"了，回道："反正我知道他家的情况，杨永秀评低保就是不够资格。"他们两个人都是急性子、嗓门又大，商讨过程中声调慢慢高了起来。王富学误以为欧阳德宪是在为自己开绿灯，偏袒自己帮扶的贫困户。欧阳德宪一听也急了，回道："王书记你说的这是什么话，我包的户不也是你的村民嘛，我为的是啥，我为的是他能稳定脱贫而不返贫！"就这样，两个"大嗓门"吵了起来，当时在村委会办公的人都听到了，但谁也不敢劝。后来，欧阳德宪索性不再争辩，愤然离开。

第二天，欧阳德宪故意没到村委会来，到屯里走访贫困户去了。欧阳德宪让队员到村委会转告村支书自己的立场和出发点——一切都是为了村上和老百姓的未来着想，没有一丝一毫个人利益。王富学听完两个队员反映的情况后，静下心来思量自己当时也比较冲动，理解了欧阳德宪是为了同乐村和老百姓。毕竟欧阳德宪作为省里派来的扶贫干部，什么也带不走，同乐村老百姓才是最终的受益者。王富学越想越觉得自己处理得不妥当，便主动找到欧阳德宪道歉，并认真核查了杨永秀一户的相关情况，决定补报低保户。欧阳德宪也为前一天的莽撞和冲动道歉，二人达成了一致的看法。后来，通过县民政部门的人员入户评定，认定这一贫困户符合评低保户标准。评上低保户的杨永秀特地到村部向欧阳德宪致谢，欧阳德宪说："这事你得感谢王支书，为了你的事他反复找相关单位领导协商，费了不少心啊！"至此，这一次激烈的"碰撞"画上了完美的句号。

2. 反复碰撞中的"融合"

以王富学为代表的两委班子和欧阳德宪为代表的驻村工作队，在工作中也遇到了精准识别之外的各种各样的摩擦，但是他们不再是激烈的争吵，而是在遇到意见相左的情况时，能够坐在一起商量、一起研究，互相交流意见和想法。最终，在碰撞中逐渐走向融合，彼此间的想法和理念也愈发一致，逐渐形成同乐村同心努力的一支协力扶贫队伍。

第一笔专项扶贫资金使用时的争论：同乐村作为泰来县中最穷的贫困村，由黑龙江省派驻扶贫工作队，且省财政每年下拨同乐村50万元专项扶贫资金,同时要求扶贫资金每年至少要达到6%的效益回报。因此,围绕着这些资金花在哪里、如何花的问题,欧阳德宪和王富学两个人非常慎重,两人多次调研市场、多次开会讨论,这一过程中自然多次擦出了交流的火花。

2017年,利用这笔扶贫资金,驻村工作队计划在同乐村开启荒山打井项目,进行沙荒地改造。村两委认为,比起沙荒地改造,村里的交通条件更需要改善,建议将这些钱投资在道路硬化上面。驻村工作队则认为,修路等基础设施建设的确对老百姓有好处,但是这方面县财政肯定会有专项扶贫政策支持,同时,省里的专项资金投到基础设施建设没有效益回报。欧阳德宪认为,这笔资金用于改造村集体沙荒地,种植条件会实现翻天覆地的变化,长期收缴不上来的承包费一定可以收上来,而机改电可以直接为同乐村种植业发展带来长期的效益。经过讨论后,王富学同意了欧阳德宪的意见,将这50万元扶贫资金放到沙荒地治理上。自从打上井、安上电以后,老百姓种地再不犯愁了,改造后在这片沙荒地上种的花生、各种杂粮杂豆品质和有机成分都是"上品",每年都能卖上好价钱。如今,承包沙荒地的村民每年都主动上缴承包费,总计缴纳承包费超过10万元。

第二笔专项扶贫资金使用时的坚持:继2017年沙荒地改造带来了可观效益之后,随着2018年扶贫资金的下拨,王富学结合村里养鹅的经验,想用50万元扶贫资金养大鹅,他认为现在市场养鹅形势一片大好,可以试一试。经过市场调研后,欧阳德宪不同意这一提议,他表达了自己的担心:"万一发生疫病等意外情况,风险很大,不但产生不了效益,这笔扶贫资金还容易化为乌有。我们需要闯的勇气,但也必须闯得十拿九稳。"经过耐心沟通，反复讨论，这笔资金在村里投入建设了6座粮仓，并将粮仓以每年5万元的价格出租，收益率达10%，一年签一次合同，既安全、灵活又防风险。

经过了前两年扶贫资金的成功投资，欧阳德宪和王富学在多次碰撞与磨合中越发默契起来。2019年，他们经过多方考察，村里决定将50万元专项扶贫资金投入到县生态小农庄中来，而且有县政府建立风险保险金作保障，每年收益率可达到10%。

三年时间无数次的"碰撞"，欧阳德宪体会很深。他认为通过"碰撞"才能统一思想，终究不是好办法，得通过一种"力量"能够让大家共同自觉地去认识、遵守和执行才是办法。于是他结合本村实际研究制订了"一、二、三、四"抓党建工作模式，通过党建引领让制度焕发出强大的生命力来，让村干部焕发出干事创业的无穷动力来。一个工作理念：将抓党建强支部促发展作为村长期坚持的工作理念。二项工作制度落实：抓好党建基本制度落实，包括"三会一课"制度、民主评议党员制度、组织生活会制度、主题党日、"两学一做"学习教育等；抓好党建创新制度落实，结合同乐村实际建立了党员积分管理制度、党员政治生日制度、党员"三带制度"。开展三项活动，包括：组织"三多"活动，即驻村干部与村两委成员在工作中多交心、多学习、多包容；开展"三联三有三共同"活动，支部联建、干部联动、党员连心，心中有情、脚下有路、手中有招，共同学习、共同入户、共同施策。坚持"四亮"活动，村党支部亮旗帜、让党的旗帜高高飘扬，组织生活亮规矩、让规矩成为一种习惯，党员干部亮身份、让榜样作用熠熠生辉，党建阵地亮形象、让战斗堡垒更加坚强；建设四项培养工程，把致富能手培养成党员、把党员培养成致富能手、把致富带头人培养成村干部、把村干部培养成致富带头人。

2018年4月12日,《黑龙江日报》脱贫攻坚专版头条做了"同乐村里画出同心圆"的专题报道。"现在可好了,这里的一切彻底改变了,我们全村百姓打心眼儿里都十分感谢党给我们派来了一个好书记",老村支书刘福军说。驻村扶贫工作队一行来到同乐村之后,一方面从带班子抓队伍、为村谋划发展等方面引领党员支部更加正规化和规范化;另一方面,驻村工作队为人民奉献的精神、对贫困户真帮实扶的干劲激发了村干部干事创业的信心和决心。在同乐村扶贫工作的推进中,两套班子从冲突逐渐走向融合,从发生碰撞过渡到达成共识,这都是因为他们有共同的目标和方向,因此才能画出同乐村的最大同心圆,在同心圆里走出百姓同乐的扶贫路。

四、同心铺出同乐路

如何扶起贫困群众对美好生活的向往和追求、扶起贫困群众勇于摆脱贫困的决心和信心、扶起贫困群众的精神和腰板,是欧阳德宪驻村以来常思考的问题。工作中,他带领大家因地制宜,乘势而上,采取了适合本村实际的一些办法和举措,既让百姓富了口袋又富了脑袋,既扶了志气又扶了智慧,齐心协力铺出了更美的同乐路。

(一)扶贫扶志,激发了内生动力

在欧阳德宪的推动下,驻村工作队和村两委在发展扶贫产业项目的同时,也注重激发贫困户的内生动力,先后在村里推行了

"三奖评""三支队伍""扶贫车间"等一系列政策,达到了智志双扶的良好效果。

1."三奖评"评出了活力

按照县里统一部署,同乐村在贫困群众中广泛开展了"三奖评"活动,评选文明整洁家庭、脱贫致富能手、奉献社会模范。活动注重发挥群众主体作用,让贫困群众人人参与、让大家感觉到自己既是脱贫的主体,又是脱贫的主人公。村委会在活动开展前,提前半个月发布了评选标准,并进行入户宣传和动员。村党支部确定的评委会10名成员中除了2名是驻村干部和村干部外,其余的8名是分布在各个屯的贫困户代表,这样评选出的结果让被评者都很服气。对于获评者或获评家庭,村里将奖牌挂在其家

图5-3 "三奖评"典型家庭表彰大会现场

房前的显著位置并发放500元奖金；对于选评落后者，村支书会与评选中的后三名人员谈心谈话，激励他们加油赶上。2018年，全村共评出"三奖评"先进典型11户，2019年评出先进典型12户，两次评选对贫困户的激励很大。村里的贫困户邵彦才说："评选排名我倒数第二，心里真不是滋味，看到人家房子前都挂个光荣牌，又领到奖金，我也得努力了，最起码别给村上拖后腿！"通过"三奖评"活动的开展，用贫困户身边的人和事教育引导贫困户，让贫困群众学有榜样、干有方向，真正形成了自力更生、脱贫光荣的鲜明导向。

2. 三支队伍"舞"出了人间真情

2018年年初，为了激发贫困户的内生动力，同乐村响应泰来县推行的"三支队伍"政策，在全村重点发展了养老互助队、家庭医疗队和村屯保洁队，解决了老人服务保障空白和村庄环境"脏、乱、差"的问题。

家庭医疗队由镇卫生院医生、村医组成，养老互助队和村屯保洁队由广大弱劳力和有劳动能力贫困户组成。养老互助队的职责主要是帮助贫困户和老弱病残户、卧床不起户，帮助他们收拾屋内卫生、打扫院落卫生，将家庭环境变得整洁起来。村屯保洁队主要进行村屯绿化和卫生打扫工作，目前一共由16个贫困户组成，每人每月300元钱的工资。队伍刚刚开始组建的时候碰到了一定的困难，比如一些贫困户最开始的时候不愿意加入，以年老等借口逃避。欧阳德宪和王富学为了动员更多有劳动能力的贫困户参与，想了很多方法，比如通过集体开会动员说明，养老互助队和村屯保洁队互帮互助的劳动性质和自立自强的精神，通过村里积极劳动的贫困户案例影响其他贫困户等。

"三支队伍"政策的推行,从根本上解决了农村环境卫生脏乱差、鳏寡孤独老人无人管两大农村历史性难题,从而促进了脱贫攻坚顺利开展。这一政策也渐渐得到了广大贫困户的认可和欢迎,贫困户唐万和经常流着泪说:"我这卧床不起两年多了,多亏了家庭医疗队经常上门送医送药,养老互助队帮助我收拾卫生,要不我死到屋里都没人知道啊。"现如今,同乐村之前因懒惰逃避干活的很多贫困户都有自己力所能及的岗位,通过这种以贫困户带动贫困户的方法,相互帮助、彼此激励,激发贫困户自立自强的念头和自食其力的内生动力。

3. 扶贫车间"扶"到了群众心坎上

为了充分挖掘冬闲时期贫困户的劳动力,创收减贫,同乐村的两委班子和第一书记致力于加快培育适合本村扶贫产业项目。2019年10月,同乐村把村委会闲置的一间房子改造成了扶贫车间,主要生产渔网和汽车坐垫编织,实现了村民在家门口就业。扶贫车间采取"企业+车间+农户+订单"运营模式,把鱼网编织、汽车坐垫编织建立在村屯,主要吸纳本村年老体弱、身体残疾等无法外出务工弱势群体到车间就业。通过前期宣传引导和免费培训,群众积极性高涨,扶贫车间2019年10月即实现28人就业,包括9名贫困人口。车间刚刚开工,驻村工作队积极协调黑龙江省属企业开展消费扶贫、订单收购,解决了汽车坐垫的销售问题。2019年11月底,全体到车间就业的员工领到了第一个月的工资,人均700元左右。贫困户金春荣讲:"村里成立这个扶贫车间真是太好了,原先每年冬天这个时候不是打个小麻将就是东家唠西家串门，这一到车间来干活不但挣到了钱，还和姐妹们在一起有说有笑的，心里可敞亮了。"扶贫车间在充实她们农闲时光的同时也促进了增收，激发了贫困户发挥技能特长、自立自强的内生动力。

图 5-4　扶贫车间的女工

（二）移风易俗，树立了农村新风

说起同乐村的移风易俗，王富学自豪说道："我们全县的移风易俗就是从我们村兴起的。"最开始是驻村工作队在扶贫过程中，通过入户调查发现村屯人情攀比之风盛行，人情风俗走向变质，普通农户不堪重负，甚至出现因婚致贫、因礼致贫的局面。凡此种种，成为决胜脱贫攻坚的难点、成为一些百姓心中难以承受的痛。

2018 年 3 月，泰来县成立了移风易俗办公室，大力推行移风易俗改革。当时,欧阳德宪预见了这一政策推广将会给农村带来全新的变化,于是主动申请将同乐村作为示范先行村。同年4月,同乐村的移风易俗工作启动,欧阳德宪结合村情民俗亲自撰写了《同乐村移风易俗改革实施方案》《同乐村村规民约三字经》。经过持续不断的努力,同乐村的移风易俗工作已成为了泰来县扶贫工作的一个亮点,被县里评为"移风易俗工作示范村"。

1. "红白"牵头,"四会"并进

2018年4月7日,同乐村成立了以第一书记、村支书为领导的移风易俗领导组织机构,并成立了"四会"组织,包括红白理事会、道德评议会、村务监督委员会和禁赌毒反邪教委员会。"四会"由同乐村的村民代表大会研究通过,由村内德高望重、热心服务的人员组成,其中,红白理事会是最关键的组织。村两委邀请在同乐村里经常管理各家"白事"的李忠仁担任红、白理事会的会长,统筹管理本村红事和白事。村里还制订了《同乐村红白事申报制度》,设计了《同乐村红白事备案登记表》,并通过村民代表大会研究通过了《同乐村红白事参照标准》,明确了红事、白事中各种支出的上限标准。在红、白事操办过程中,村干部违反规定可被免职,普通群众进行一定数额的罚款且其子女在入学和参军方面将受到限制。一时间,红、白事操办的攀比之风得到了有效遏制。

为了让移风易俗工作更好地开展,村两委入户对全村预备结婚、有重大疾病、乔迁新居、升学、参军、婴儿出生等人员进行全面统计后制订名册。在全面摸清情况的基础上,村移风易俗领导小组带领红白理事会成员对即将操办的村民进行普遍教育,对重点户实施面对面入户宣传,耐心引导其转变思想观念,实现了婚事新办、丧事简办。2019年4月，村民王国齐的女儿结婚，欧阳德宪和王富学多次到他家做工作，使其原本举办的30桌宴席缩减为7桌，为此第一书记欧阳德宪亲自为其女儿主持了婚礼，村民王国齐很受感动。

图 5-5 移风易俗宣传活动

除了以红白理事会引领移风易俗工作，同乐村也积极推进乡风文明建设，通过"感谢党恩"等教育活动破除封建迷信。一方面，同乐村每年评比一次"诚信""孝顺""勤劳""文明""整洁"好村民，颁发证书、上好人榜；对教育数次也无悔改的村民，每年在村公示栏中公示一批"失信""不孝""懒惰""脏乱"黑名单，以示警戒。另一方面，村两委每半年在全体贫困群众中开展一次"感谢党恩"教育，让贫困群众深刻感受到他们在脱贫历程中的每些变化都是党关怀的结果，信"教"、信"神"都换不来就医有保障、危房能改造，使得村民信党、爱党之情更加高涨和坚定，贫困群众的信仰危机、封建迷信思想得到了明显改变。这一过程使同乐村的旧俗陋习得到了明显改变，为党在农村凝聚民心、激发内生动力主动脱贫、树立健康文明乡风提供了保障。

2. 各色平台，多方宣传

为了更好推进移风易俗工作，同乐村采取文化广场、"村民之家"、入户宣传等多种形式开展"移风易俗"宣传教育，让移风易俗真正占领了村民意识形态的制高点。王富学说："移风易俗其实就是一个转变的过程，我们村已经实行一年多了，发生了特别大的变化。"

同乐村利用扶贫资金，陆续搭建起文化广场、"村民之家"等文化活动场所。在文化广场上，村民每晚自发开展扭秧歌、广场舞、篮球赛等各种活动，从麻将桌、酒桌走到了集体活动的大舞台上，精神文化生活越来越充实。驻村工作队协调6万余元扶贫资金，在文化广场一侧建成了面积100平方米的"村民之家"，文体娱乐设施齐全，各种棋类、扑克、乒乓球案、锣鼓钹、音响、座椅等应有尽有。村民家有婚丧嫁娶之事，还可以申请在文化广场、"村民之家"举办。

同时，同乐村充分发挥宣传栏、文化墙等传播媒介的作用宣传移风易俗。文化广场上设立了以社会主义核心价值观、乡风文明、脱贫攻坚为内容的道德文化墙和宣传栏。村民在文化广场活动时，随时都能看到栩栩如生的"新二十四孝图"、《村规民约》、《致广大村民倡议书》、"同乐村红黑榜"等图文内容。村内主街道两旁的墙壁上，有序刷涂着"社会主义核心价值观""推进农村移风易俗、培育文明乡风"等宣传标语。村屯喇叭、微信群定期宣传县广电中心制作的移风易俗系列专题节目和移风易俗的具体要求，以身边的真实案例教育引导群众杜绝大操大办、铺张浪费的陋习。通过图文并茂的多种宣传，同乐村的老百姓在耳濡目染中将移风易俗内化于心，筑牢了移风易俗的群众思想基础。

五、"同乐"路上展望"泰来"

2017年6月以来，同乐村在省国资委驻村扶贫工作队精准帮扶下，逐步走出了最美扶贫路。"松柏映绿同乐村，支书照亮小康路"，经过三年脱贫攻坚的不懈努力，同乐村实现了摘帽出列、贫困户全部脱贫。同乐村成为县里水稻种植示范村，村容整洁、百姓安居乐业的文明村。2019年，同乐村被泰来县委授予"农村党建示范教育基地"，村委会被齐齐哈尔市委和市政府授予"劳动模范先进单位"。

图5-6 同乐村中心主街道鸟瞰图

这一过程是各级党委坚强领导的结果。黑龙江省国资委作为定点帮扶同乐村的单位，党委书记、主任王智奎每半年就到村调研一次，党委副书记、驻村领队侯纯禄每两个月到村调研一次，根据调研结果制定适合同乐村情况的帮扶办法。这一过程也是第一书记与村书记、驻村干部与村干部不断磨合达成共识的过程。王富学与欧阳德宪冲突的很大原因在于政府干部和农村干部在处理农村事务过程中方法的不同——王富学作为村里内生的管理干部，办事更多依靠关系、人情和经验，欧阳德宪作为外来的扶贫第一书记，办事更多依靠调研、程序和理性思维。二人虽经多次"碰撞"而不离不散，皆因都秉持以人民为中心的发展思想，而这种思想正是脱贫攻坚、攻城拔寨的伟力之所在。

成功实现脱贫之后，同乐村面对的就是如何振兴乡村的挑战。首先，要保障兜底扶贫政策的连续性和稳定性，保障患有重病慢性病的农户生活水平。其次，产业振兴是源头活水，必须继续发展富民乡村产业。同乐村要在现有的立村产业基础上，积极谋划农产品加工产业，增加农产品附加值，扩大农户中草药种植面积，壮大村集体经济，建立比较完善配套的农户利益联结与共享机制，才能走上踏实的小康道路。

展望同乐村今后的发展之路，欧阳德宪更忧心的是基层党组织和致富带头人后继缺人的问题。村两委成员现平均年龄52岁，虽然已经培养了两位新人，但将来他们有没有引领村庄发展的能力还是未知数，如何培养引领村庄发展的致富带头人也是一个难题。目前，驻村工作队正在着手研究制订《乡土人才回归引进工程实施办法》，吸引更多的复转军人、大学生等回乡，投身乡村振兴的事业，才能保障同乐村脱贫攻坚之后的振兴之路。

（本案例执笔人：王慧清　钟丽娜　吴惠芳）

案例点评

　　同乐村的脱贫攻坚案例生动展示了村庄内生治理力量与外部帮扶力量在碰撞中走向融合的过程。以第一书记为代表的驻村工作队通过"实地亲民"的方式扎根了解民情民意，本着"为民服务、为村发展"的宗旨，在求同存异的过程中探寻最益民、最有效的帮扶之法，通过推行"三奖评""三支队伍""扶贫车间"等一系列因地制宜的举措激发贫困户的内生动力，以"真帮真扶"的工作态度和"真才实学"的工作能力获得认可与支持。更深层面的是，始于扶贫却远大于扶贫，同乐村扶贫领导班子充分发挥党支部引领功能，从扶贫扶智延伸到乡风文明建设。他们成立了红白理事会，推进移风易俗工作，以"感谢党恩"等教育活动破除封建迷信，实现乡村治理与乡风文明建设的有机融合。在同乐村扶贫工作的推进进程中，两套班子从碰撞逐渐走向融合，以合作治理模式画出同乐村的"同心圆"，在"同心圆"里走出百姓同乐的脱贫致富与乡村振兴之路。

　　　　（点评人：吴惠芳，中国农业大学人文与发展学院教授）

后 记

　　2021年2月25日，全国脱贫攻坚总结表彰大会在北京人民大会堂隆重举行。习近平总书记庄严宣告：我国脱贫攻坚战取得了全面胜利！这意味着中华民族的历史翻开崭新篇章！现行标准下9899万农村贫困人口全部脱贫，832个贫困县全部摘帽，12.8万个贫困村全部出列。本书描绘的五个村庄是中国脱贫攻坚历程的一个缩影。人民是历史的创造者，这一成功的取得凝聚了书中描绘的扶贫干部、村干部、村民等行动者主体为之奋斗的一份努力。虽然文字难以将他们在脱贫攻坚战中的艰苦奋斗描绘得淋漓尽致，但希望可以记录他们的点滴脱贫攻坚历程，读者可以看到中国伟大巨变中党和人民的角色和力量！

　　脱贫攻坚的胜利不是结束，而是新开始、新篇章、新未来，新阶段。脱贫攻坚胜利之后，接踵而至的是围绕"产业兴旺、生态宜居、乡风文明、治理有效、生活富裕"的总体要求展开工作的乡村振兴。对于贫困村来说，乡村振兴是新的发展目标，他们正在积极探索、实践实现脱贫攻坚与乡村振兴的有效衔接的不同路径。例如永丰村正在积极发挥领导班子的堡垒作用，着重在村庄治理中发力，注重培养致富带头人，形成治理与经济齐头并进的新格局；小南河村正在探索发展高品质的乡村旅游和高质量的村集体经济；同乐村正在发挥党支部的引领工作，从扶贫扶智延伸到乡风文明建设。

  脱贫攻坚战的经验和磨炼是贫困村走向乡村振兴的宝贵财富。在总结经验时，尤其要关注脱贫攻坚历程中的问题和不足，在乡村振兴中重点增强和补齐。当然，脱贫攻坚中干部干事创新的能力、技巧，产业发展的路径、对策，党建引领的机制、方法等经验都是贫困村有效实现脱贫攻坚与乡村振兴衔接的珍贵"钥匙"，要充分利用好。

  参与本书调研与写作的人包括中国农业大学吴惠芳教授与刘燕丽副教授、江南大学陈健老师、吉林大学孟祥丹副教授、吉林农业大学丁宝寅副教授、山东大学梁栋副研究员、中国农业大学教师王慧清与研究生王宇霞、钟丽娜、王惠、董俊芳等。从开始调研，经过写作、反复讨论、修改等过程，及至出版，已有两年的时光。在此，课题组向为本书提供帮助的黑龙江省、调研县和村的扶贫工作人员致以诚挚的谢意，并向他们为脱贫攻坚伟大事业作出的重要贡献致以深深的敬意！

  中国共产党成立100周年之际，我国脱贫攻坚战取得圆满胜利。这一彪炳史册的人间奇迹，是中国人民，是中国共产党，是中华民族携手创作的。乡村振兴是实现中华民族伟大复兴的新的重大任务，期待乡村振兴路上志同道合的追梦人围绕中国共产党的领导再次书写我国历史的新篇章！最后，以一位被访者的话语结尾："明天是什么样子，我们无法预知，但只要努力，明天一定是美好的！"

  "中部区域县、村脱贫攻坚经验总结"项目黑龙江省课题组